Ursprünglicher Genuss
Die Paleo-Küche neu entdeckt

Jonas Hartmann

Inhalt

Gebratener Truthahn mit Knoblauchwurzeln ... 9

Gefüllter Truthahn mit Pestosauce und Rucolasalat ... 12

Würziges Putenhuhn mit Cherokee-BBQ-Sauce ... 14

In Wein geschmorte Putenbrust ... 16

Gebratenes Putenhuhn mit würziger Garnelensauce ... 19

Gebratenes Putenhuhn mit Wurzelgemüse ... 21

Würziges indisches Brot mit karamellisierter Tomatensauce und gerösteten Kohlscheiben ... 23

Türkei-Post ... 25

Hühnerknochensuppe ... 27

Grüner Harissa-Lachs ... 30

Lachs ... 30

Harissa ... 30

Sonnenblumenkerne mit Fisch ... 30

Salat 31

Gebackener Lachs mit mariniertem Artischockensalat ... 34

Schnell gebratener Chili-Salvi-Lachs mit grüner Tomatensalsa ... 36

Lachs ... 36

Grüne Tomatensalsa ... 36

In Papillote gebackener Lachs und Spargel mit Zitronen-Walnuss-Pesto ... 39

Gewürzter Lachs mit Pilz-Apfel-Pfannensauce ... 41

Sole en Papillote Julienne-Gemüse ... 44

Rucola-Pesto-Fisch-Tacos mit geräucherter Limettencreme ... 46

Mandelschale ... 48

Gebackener Kabeljau mit zubereiteter Mango-Basilikum-Sauce und Snackpaketen ... 51

Gebratener Kabeljau mit mit Pesto gefüllten Tomaten im Riesling ... 53

Pistazien-Koriander-Kabeljau, gekocht mit Süßkartoffelpüree ... 55

Rosmarin-Mandarinen-Kabeljau mit gebackenem Brokkoli ... 57

Curry-Kabeljausalat mit eingelegtem Rettich ... 59

Gekochte gefleckte Zitrone und Schnittlauch ... 61

Pekannuss-Schnapper, Okra und Tomate nach Cajun-Art ... 63

Estragon-Thunfischbällchen mit Avocado-Zitronen-Aïoli 66

Gestreifte Bass-Tajine 69

Heilbutt in Knoblauch-Garnelensauce mit Soffrito-Grünkohl 71

Meeresfrüchte-Bouillabaisse 73

Klassisches Garnelen-Ceviche 76

Kokosgarnelen-Spinat-Salat 79

Tropische Garnelen und geschältes Chili 81

Luftfrittierte jamaikanische Buttergarnelen 83

Knusprige Scampi mit rohem Spinat und Radicchio 84

Krabbensalat mit Avocado, Grapefruit und Jicama 86

Pochierter Cajun-Hummerschwanz mit Estragon-Aïoli 88

Gebratene Muscheln mit Safran-Aïoli 90

Pastinaken-Pommes 90

Safran-Aïoli 90

Hülse 90

Frittierte Krusten mit Gurkengeschmack 93

Gebackene Krusten mit Zwiebel-Paprika-Salsa 96

In Tomaten-, Olivenöl- und Kräutersauce gekochte Muscheln 99

Ameisen und Soßen 99

Salat 99

Gebraten mit Kohl, Schalotten und Perlzwiebeln 101

Dicke Tomatensoße mit Spaghettikürbis 103

Gefüllte Portobello Pilze 105

Gekochter Radicchio 107

Gegrilltes Steak mit Orangenvinaigrette 108

Wirsing nach Punjabi-Art 111

Mit Zimt gebackene Zwiebeln 113

Gebackener Spargel mit pochierten Eiern und Pekannüssen 114

Rettich-, Mango- und panierter Kohlsalat 116

Gerösteter Kohl mit Sesam und Zitrone 117

Gerösteter Kohl mit Orangen-Balsamico-Dressing 118

Gedämpfter Kohl mit cremiger Chilisauce und gerösteten Walnüssen 119

Gedämpfter Grünkohl mit gerösteten Sesamkörnern 121

Geräuchertes Baby mit Apfel-Senf-Sauce 122

Eingerichtet 122

Soße 122

Gegrillte Schweinerippchen im Landhausstil mit frischer Ananas..................125

Würziges Schweinefleisch 127

Tue es..127

Kohl 127

Marinara mit italienischer Wurst, Pastinakenscheiben und Zwiebeln..............129

Fleischklößchen..129

Yachthafen..129

Mit Schweinefleisch, Basilikum und Pinienkernen gefüllte Blaubeeren............131

Schweinefleisch- und Ananas-Pasta-Marmeladen, Kokosmilch und Kräuter........133

Würzig gegrilltes Schweinefleisch mit würzigem Gurkensalat.............................135

Pizza mit Blaubeerkruste, Pesto aus sonnengetrockneten Tomaten, Paprika und italienischer Wurst..137

Zitronen-Koriander-Lammkeule mit gegrilltem Spargel.....................................140

Lammeintopf..142

Lammbraten mit Selleriewurzelnudeln...144

Französisches Lamm mit Granatapfel 146

Chutney...146

Er schneidet das Lamm...146

Chimichurri-Lammkeule mit gebackenem Radicchio-Salat................................148

Lammkoteletts, garniert mit Karotten und Süßkartoffel-Remoulade................150

Lammfleisch wird mit roten Zwiebeln, Semmelbröseln und Oregano mariniert...152

Schaf 152

Salat 152

Lammburger gefüllt mit rotem Gartenpfeffer...154

Rote Paprika..154

Hamburg...154

Doppelter Oregano-Lammspieß mit Tzatziki-Sauce 157

Lammfleisch 157

Tzatziki Sauce 157

Gebratenes Hähnchen mit Safran und Zitrone 159

Hühnchen umwickelt mit destilliertem Salat...161

Huhn 161

Slawisch..161

Gebackenes Hähnchen mit Wodka, Senf und Tomatensauce............................164

Poulet Rôti und Rutabaga Frites 166
Dreifach-Pilz-Coq au Vin-Schnittlauch-Püree mit Rutabaga 168
Trommelstöcke mit Pfirsich-Cognac-Glasur 171
Pfirsich-Brandy-Glasur 171
Hähnchen mariniert in Chili-Mango-Melonen-Salat 173
Huhn 173
Salat 173
Hähnchenschenkel nach Tandoori-Art mit Gurken-Raita 176
Huhn 176
Ok, Raita 176
Curry-Hühnereintopf mit Wurzelgemüse, Spargel und Blaubeeren 178
Gemischter Hühnchen-Paillard-Salat, Himbeeren, Karotten und geröstete Mandeln
.... 180
Hähnchenbrust gefüllt mit Brokkoli, frischer Tomatensauce und Caesar-Salat 183
Gegrilltes Hähnchen-Shawarma, garniert mit würzigem Gemüse und
    Pinienkernsauce 186
Gebackene Hähnchenbrust mit Pilzen, Kartoffelpüree mit Knoblauch und
    gerösteter Spargel 188
Hühnersuppe nach thailändischer Art 190
Zitrone und traditionelles gebratenes Hähnchen mit Endivie 192
Hähnchen mit roten Zwiebeln, Brunnenkresse und Radieschen 195
Chicken Tikka Masala 197
Ras el Hanout Hähnchenschenkel 200
Starfruit-Adobo-Hähnchenschenkel auf gedämpftem Spinat 202
Chipotle Mayo Chicken Poblano Kohl Tacos 204
Hühnereintopf mit Babykohl und Bok Choy 206
Kaffee-Orangen-Hähnchen-Paprika-Salat 208
Vietnamesisches Kokos-Zitronen-Hähnchen 210
Zubereiteter Hühnchen-Apfel-Escarole-Salat 213
Toskanische Hühnersuppe 215
Hühnerlarb 217
Hähnchenburger mit Szélesudio-Sauce 219
Sehwani-Kava-Sauce 219
Türkisches Huhn 221
Spanische Cornish-Hühner 223

GEBRATENER TRUTHAHN MIT KNOBLAUCHWURZELN

VORBEREITUNG: 1 Stunde Backen: 2 Stunden 45 Minuten Wartezeit: 15 Minuten
Portionen: 12-14

DANN SUCHEN SIE SICH EINEN INDIANERKEINE KOCHSALZLÖSUNG INJIZIERT. WENN AUF DEM ETIKETT „ANGEREICHERT" ODER „SELBSTREINIGEND" STEHT, IST ES WAHRSCHEINLICH VOLLER NATRIUM UND ANDERER ZUSATZSTOFFE.

1 12-14 kg Truthahn
2 Esslöffel mediterrane Gewürze (siehe Rezept)
¼ Tasse Olivenöl
3 Pfund mittelgroß, mit heller Schale und halbiert oder der Länge nach geschnitten
1 Rezept Knoblauchwurzelpaste (siehe Rezept, unten)

1. Den Ofen auf 200 °C (425 °F) vorheizen. Entfernen Sie den Hals und die Kappe vom Truthahn. sollten bei Bedarf für andere Zwecke reserviert werden. Falten Sie die Haut vorsichtig um den Brustrand. Ziehen Sie Ihre Finger unter die Haut, um oben auf der Brust und an den Oberschenkeln Taschen zu erzeugen. 1 Esslöffel mediterranes Aroma unter der Haut; Spreizen Sie Ihre Finger gleichmäßig über Brust und Oberschenkel. Ziehen Sie die Haut um Ihren Hals; mit Spießen feststecken. Ziehen Sie die Enden der Schenkel unter den Hautstreifen entlang des Schwanzes. Wenn Sie kein Seidenband haben, binden Sie die Oberschenkel mit Küchengarn aus 100 % Baumwolle fest. Drehen Sie die Flügelspitzen nach hinten.

2. Legen Sie den Schweinebauch in eine flache, sehr große Auflaufform. Die Pfanne mit 2 EL Öl bestreichen. Das

Wildbret mit dem restlichen mediterranen Gewürz bestreuen. Führen Sie ein ofenfestes Fleischthermometer in die Mitte des inneren Oberschenkelmuskels ein; Das Thermometer sollte den Knochen nicht berühren. Decken Sie die Pfanne mit Aluminiumfolie ab.

3. 30 Minuten backen. Reduzieren Sie die Ofentemperatur auf 325 °F. 1,5 Stunden backen. In einer extra großen Schüssel die Karotten und die restlichen 2 Esslöffel Öl hinzufügen. einen Mantel anziehen. Das Curry in einer großen ofenfesten Form verteilen. Nehmen Sie den Truthahn vom Boden und schneiden Sie ihn zwischen der Haut oder den Schenkeln ein. Kohl und Truthahn 45 Minuten bis 1 ¼ Stunden lang rösten, oder bis ein Thermometer 175 °F anzeigt.

4. Nehmen Sie das Baby aus dem Ofen. Abdeckung; Vor dem Schnitzen 15–20 Minuten ruhen lassen. Den Truthahn mit dem Karotten-Knoblauch-Püree servieren.

Knoblauchwurzelpüree: 3 bis 3 Pfund Steckrüben und 1,5 bis 2 Pfund Selleriewurzel hacken und hacken; In 2-Zoll-Stücke schneiden. In einem 6-Liter-Topf die Steckrüben und die Selleriewurzel in ausreichend kochendem Wasser kochen, um sie 25 bis 30 Minuten lang oder bis sie sehr weich sind, zu bedecken. In der Zwischenzeit 3 Esslöffel natives Olivenöl extra und 6–8 Knoblauchzehen in einer kleinen Schüssel vermischen. Bei schwacher Hitze 5–10 Minuten kochen lassen oder bis der Knoblauch stark duftet, aber braun ist. Fügen Sie vorsichtig ¾ Tasse Hühnerbrühe hinzu (sieheRezept) oder ungesalzene Hühnersuppe. Koch es; Vom Herd nehmen. Das Gemüse abtropfen lassen und zurück in den Topf geben. Waschen Sie das Gemüse mit einem Kartoffelstampfer oder schlagen Sie es mit einem Elektromixer bei niedriger Geschwindigkeit. Fügen Sie ½ Teelöffel schwarzen Pfeffer hinzu. Das Gemüse langsam in die Suppenmischung pürieren oder zerstampfen, bis alles gut vermischt und glatt ist. Fügen Sie bei Bedarf zusätzlich ¼ Tasse Hühnerbrühe hinzu, um die gewünschte Konsistenz zu erreichen.

GEFÜLLTER TRUTHAHN MIT PESTOSAUCE UND RUCOLASALAT

VORBEREITUNG: 30 Minuten Kochen: 1 Stunde 30 Minuten Stehen: 20 Minuten Zubereitung: 6 Portionen

DIES IST FÜR DIE LIEBHABER VON WEIßEM FLEISCHAUßEN: KNUSPRIGER TRUTHAHN GEFÜLLT MIT SONNENGETROCKNETEN TOMATEN, BASILIKUM UND MEDITERRANEN GEWÜRZEN. DER REST ERGIBT EIN TOLLES MITTAGESSEN.

1 Tasse sonnengetrocknete Tomaten (nicht ölig)

4 Pfund schwerer Truthahn ohne Knochen und mit der Hälfte der Haut

3 Esslöffel mediterrane Gewürze (siehe Rezept)

1 Tasse frische Basilikumblätter

1 Esslöffel Olivenöl

8 Unzen Babypilze

3 große Tomaten, halbiert und in Scheiben geschnitten

¼ Tasse Olivenöl

2 Esslöffel Rotweinessig

Schwarzer Pfeffer

1½ Tassen Basilikumpesto (siehe Rezept)

1. Den Ofen auf 375 °F vorheizen. Gießen Sie in einer kleinen Schüssel ausreichend kochendes Wasser über die abgedeckten Tomaten. 5 Minuten einwirken lassen; abtropfen lassen und in kleine Stücke schneiden.

2. Legen Sie die große Brust mit der Hautseite nach unten auf die Plastikfolie. Legen Sie ein weiteres Stück Plastikfolie über den Käfig. Rollen Sie das Bruststück mit der flachen Seite eines Fleischhammers auf eine Dicke von etwa ¾ Zoll. Entsorgen Sie die Plastikfolie. Streuen Sie 1½

Teelöffel mediterranes Gewürz über das Fleisch. Tomaten und Basilikumblätter darauflegen. Rollen Sie die Putenbrust vorsichtig auf, lassen Sie dabei die Haut außen. Befestigen Sie die Steaks an vier bis sechs Stellen mit Küchengarn aus 100 % Baumwolle. Mit 1 Esslöffel Olivenöl bestreichen. Streuen Sie die restlichen 1½ Teelöffel mediterranes Gewürz auf das Steak.

3. Legen Sie das Steak mit der Hautseite nach unten auf ein Backblech. Eineinhalb Stunden lang backen oder bis ein in der Nähe der Mitte eingesetztes sofort ablesbares Thermometer 165 °F anzeigt und die Haut goldbraun und blass ist. Nehmen Sie das Baby aus dem Ofen. Mit Folie abdecken; Vor dem Schneiden 20 Minuten stehen lassen.

4. Für den Rucola-Salat Rucola, Tomaten, ¼ Tasse Olivenöl, Essig und Pfeffer in einer großen Schüssel vermengen. Lassen Sie den Saft vom Steak abtropfen. Klein Indien. Serviert mit Rucolasalat und Basilikumpesto.

WÜRZIGES PUTENHUHN MIT CHEROKEE-BBQ-SAUCE

VORBEREITUNG: 15 Minuten Backen: 1 Stunde 15 Minuten Ruhezeit: 45 Minuten: 6-8 Portionen

DAS IST EIN GUTES REZEPTWENN SIE ETWAS ANDERES ALS BURGER MACHEN MÖCHTEN, SERVIEREN SIE EINE MENSCHENMENGE AUF DEM TERRASSENGRILL. MIT EINEM HERZHAFTEN SALAT SERVIEREN, ZUM BEISPIEL BROKKOLISALAT (SIEHE REZEPT) ODER DEN ANBAU VON GERÖSTETEM ROSENKOHL (SIEHE REZEPT).

- 1 ganzer 4–5 Pfund schwerer Truthahn ohne Knochen
- 3 Esslöffel gemahlene Gewürze (siehe Rezept)
- 2 Esslöffel frischer Zitronensaft
- 3 Esslöffel Olivenöl
- 1 Glas trockener Weißwein, zum Beispiel Sauvignon Blanc
- 1 Tasse frische oder gefrorene ungesüßte Bing-Chilis, geputzt und gehackt
- ⅓ Tasse Wasser
- 1 Tasse BBQ-Sauce (siehe Rezept)

1. Lassen Sie den Teig 30 Minuten lang bei Raumtemperatur ruhen. Den Ofen auf 325°F vorheizen. Legen Sie die Babybrust mit der Haut nach unten in eine Auflaufform.

2. In einer kleinen Schüssel Gewürze, Zitronensaft und Olivenöl vermischen. Entfernen Sie die Haut vom Fleisch; Verteilen Sie vorsichtig die Hälfte der Paste auf dem Fruchtfleisch unter der Haut. Den Rest gleichmäßig auf der Haut verteilen. Gießen Sie den Wein auf den Boden des Topfes.

3. 1¼ bis 1½ Stunden lang backen, oder bis die Kruste goldbraun ist und ein sofort ablesbares Thermometer, das in die Mitte des Steaks gesteckt wird (ohne den Knochen zu berühren), 170°F anzeigt, indem Sie die Pfanne nach der Hälfte der Garzeit drehen. 15–30 Minuten ungestört einwirken lassen.

4. In der Zwischenzeit für die Cherry BBQ Sauce die Kirschen und das Wasser in einem mittelgroßen Topf vermengen. Koch es; reduziert Fieber. 5 Minuten kochen lassen. BBQ-Sauce hineingeben; 5 Minuten kochen lassen. Warm oder bei Zimmertemperatur mit einem Löffel servieren.

IN WEIN GESCHMORTE PUTENBRUST

VORBEREITUNG: 30 Minuten zum Kochen: 35 Minuten: 4 Portionen

SCHMORBRATEN VOM TRUTHAHNEINE KOMBINATION AUS WEIN, GEWÜRFELTEN ROMA-TOMATEN, HÜHNERBRÜHE, FRISCHEN KRÄUTERN UND ZERSTOßENER ROTER PAPRIKA VERLEIHT IHM EINEN WUNDERBAREN GESCHMACK. SERVIEREN SIE DIESES KÖSTLICHE GERICHT AUF FLACHEN TELLERN UND MIT GROßEN LÖFFELN, UND DIE KÖSTLICHE SUPPE ERREICHT JEDEN BISSEN.

2 Zoll bis 12 Unzen großer Truthahn, in 1 Zoll große Stücke geschnitten

2 Esslöffel ungesalzenes Geflügelgewürz

2 Esslöffel Olivenöl

6 Knoblauchzehen, gehackt (1 Esslöffel)

1 Tasse gehackte Zwiebel

½ Tasse gehackter Sellerie

6 Roma-Tomaten, entkernt und gehackt (ca. 3 Tassen)

Ein trockener Weißwein wie Sauvignon Blanc

½ Tasse Hühnerknochenbrühe (siehe Rezept) oder ungesalzene Hühnersuppe

½ TL fein gehackte frische Chili

¼-½ Teelöffel zerstoßener roter Pfeffer

½ Tasse frische Basilikumblätter, gehackt

½ Tasse gehackte frische Petersilie

1. Zum Beschichten des Hähnchens die Putenstücke in eine große Schüssel geben. 1 Esslöffel Olivenöl in einer extragroßen Pfanne bei mittlerer Hitze erhitzen. In heißem Öl in der Pfanne anbraten, bis es von allen Seiten braun ist. (Der Kuchen muss nicht gebacken werden.) Auf einen Teller legen und warm halten.

2. Geben Sie den restlichen 1 Esslöffel Olivenöl in den Topf. Erhöhen Sie die Hitze auf mittlere Stufe. Knoblauch hinzufügen; kochen und 1 Minute rühren. Zwiebel und Sellerie hinzufügen; kochen und 5 Minuten rühren. Putenbrühe und Säfte, Tomaten, Wein, Hühnerbrühe, Rosmarin und gehackte rote Paprika in die Pfanne geben. Reduzieren Sie die Hitze auf mittel-niedrig. 20 Minuten kochen lassen, dabei gelegentlich umrühren. Basilikum und Petersilie hinzufügen. Weitere 5 Minuten zugedeckt kochen, bis der Truthahn nun rosa ist.

GEBRATENES PUTENHUHN MIT WÜRZIGER GARNELENSAUCE

VORBEREITUNG: 30 Minuten zum Kochen: 15 Minuten: 4 Portionen BILD

DIE HÄHNCHENBRUST IN ZWEI STÜCKE SCHNEIDENDRÜCKEN SIE MIT IHREN HÄNDEN MÖGLICHST GLEICHMÄßIG HORIZONTAL AUF JEDES STÜCK UND ÜBEN SIE DABEI DRUCK AUS, WÄHREND SIE DAS FLEISCH SCHNEIDEN.

¼ Tasse Olivenöl

2 8-12 oz große Truthähne, horizontal halbiert

¼ Teelöffel frisch gemahlener schwarzer Pfeffer

3 Esslöffel Olivenöl

4 Knoblauchzehen, gehackt

8 Unzen geschälte und entdarmte mittelgroße Garnelen, Schwänze entfernt und der Länge nach halbiert

¼ Tasse trockener Weißwein, Hühnerbrühe (siehe Rezept) oder ungesalzene Hühnersuppe

2 Esslöffel gehackter frischer Schnittlauch

Ein Teelöffel fein geriebene Zitronenschale

1 Esslöffel frischer Zitronensaft

Melonennudeln und Tomaten (siehe Rezept, unten) (optional)

1. 1 Esslöffel Olivenöl in einer schweren Pfanne bei mittlerer bis hoher Hitze erhitzen. Truthahn in den Topf geben; mit Pfeffer bestreuen. Hitze auf mittlere Stufe reduzieren. 12 bis 15 Minuten backen oder bis der Saft rosa ist und der Saft klar ist (165 °F), nach der Hälfte der Zeit begießen. Die Kohlscheiben aus dem Topf nehmen. Zum Warmhalten mit Folie abdecken.

2. Für die Soße 3 Esslöffel Öl im selben Topf bei mittlerer Hitze erhitzen. Knoblauch hinzufügen; 30 Sekunden

kochen lassen. Crêpes unterrühren; kochen und 1 Minute rühren. Wein, Tee und Zitronensaft einrühren; 1 Minute weiter kochen, oder bis die Garnelen durchscheinend sind. Vom Herd nehmen; mit Zitronensaft vermischen. Zum Servieren die Sauce über die Putenscheiben gießen. Nach Belieben mit Zucchini-Nudeln und Tomaten servieren.

Melonennudeln und Tomaten: Mit einer Mandoline oder einem Julienne-Schäler zwei gelbe Sommergrüns in Julienne-Streifen schneiden. In einer großen Pfanne 1 Esslöffel natives Olivenöl extra bei mittlerer bis hoher Hitze erhitzen. Navigationsleisten hinzufügen; 2 Minuten kochen lassen. Fügen Sie 1 Tasse gewürfelte Traubentomaten und ¼ Teelöffel frisch gemahlenen schwarzen Pfeffer hinzu; Weitere 2 Minuten kochen lassen oder bis das Gemüse weich ist.

GEBRATENES PUTENHUHN MIT WURZELGEMÜSE

VORBEREITUNG: 30 Minuten kochen: 1 Stunde 45 Minuten: Für 4 Personen

DIES IST EINER DER GESCHMACKSRICHTUNGENWENN SIE BEIM BACKEN ZEIT ZUM SPAZIERENGEHEN HABEN, SOLLTEN SIE DIES IM HERBST TUN. WENN SPORT SIE NICHT UMBRINGT, WERDEN SIE AUF JEDEN FALL GUT RIECHEN, WENN SIE DURCH DIE TÜR KOMMEN.

3 Esslöffel Olivenöl

4 Truthähne, 20–24 oz

½ Teelöffel frisch gemahlener schwarzer Pfeffer

6 Knoblauchzehen, geschält und zerdrückt

1½ Esslöffel Gerste, zerkleinert

1 Teelöffel ganzes Kraut, zerstoßen*

1½ Tassen Hühnerknochenbrühe (sieheRezept) oder ungesalzene Hühnersuppe

2 frische Chilis

2 Zweige frischer Thymian

1 Rübenblatt

2 große Zwiebeln, geschält und 8 Scheiben

6 große Karotten, geschält und in 2,5 cm dicke Scheiben geschnitten

2 große Rüben, geschält und in 2,5 cm große Würfel geschnitten

2 mittelgroße Pastinaken, geschält und in 2,5 cm dicke Scheiben geschnitten**

1 Selleriewurzel, geschält und in 2,5 cm große Stücke geschnitten

1. Backofen auf 350 °F vorheizen. Erhitzen Sie das Olivenöl in einer großen Pfanne bei mittlerer bis hoher Hitze, bis es schimmert. 2 Truthähne hinzufügen. Braten Sie die Keulen etwa 8 Minuten lang an, bis sie von allen Seiten goldbraun und knusprig sind und dann gleichmäßig gebräunt sind. Übertragen Sie die Krabbenbeine auf einen Teller.

Wiederholen Sie dies mit den restlichen 2 Truthähnen. Man legt es beiseite, man ignoriert es.

2. Pfeffer, Knoblauch, Kreuzkümmel und Sellerie in den Topf geben. Bei mittlerer Hitze 1–2 Minuten kochen, bis es duftet. Hühnerbrühe, Pfeffer, Cayennepfeffer und Lorbeerblatt einrühren. Bringen Sie es zum Kochen, rühren Sie um und lösen Sie die Reste vom Topfboden. Nehmen Sie die Pfanne vom Herd und stellen Sie sie beiseite.

3. In einem sehr großen Topf mit dicht schließendem Deckel Zwiebel, Karotte, Rübe, Pastinake und Sellerie vermischen. Flüssigkeit aus dem Topf hinzufügen; einen Mantel anziehen. Die Putenkeulen in die Gemüsemischung drücken. Mit einem Deckel verschlossen.

4. Etwa 1 Stunde und 45 Minuten rösten, oder bis das Gemüse zart und der Truthahn zart ist. Lammkeulen und Gemüse auf großen, flachen Tellern anrichten. Gießen Sie etwas Wasser über den Topf.

*Tipp: Um Samen und Fenchelsamen zu schneiden, legen Sie die Samen auf ein Schneidebrett. Drücken Sie mit der flachen Seite eines Kochmessers nach unten, um die Kerne leicht zu zerdrücken.

**Tipp: Von den Pastinaken große Stücke abschneiden.

WÜRZIGES INDISCHES BROT MIT KARAMELLISIERTER TOMATENSAUCE UND GERÖSTETEN KOHLSCHEIBEN

VORBEREITUNG: 15 Minuten kochen: 30 Minuten kochen: 1 Stunde 10 Minuten stehen lassen: 5 Minuten Vorbereitung: 4 Portionen

NATÜRLICH KLASSISCHER HACKBRATEN MIT TOMATENSOßEWENN AUF DER PALÄO-SPEISEKARTE KETCHUP (SIEHE REZEPT) KEIN SALZ UND KEIN ZUGESETZTER ZUCKER. DABEI WIRD DIE TOMATENSAUCE MIT KARAMELLISIERTEN ZWIEBELN VERMISCHT, DIE VOR DEM GAREN AUF DAS FLEISCH GESTAPELT WERDEN.

- 1½ Pfund Erde
- 2 Eier, leicht geschlagen
- ½ Tasse Mandelmehl
- ⅓ Tasse gehackte frische Petersilie
- ¼ Tasse dünn geschnittene rote Zwiebel (2)
- 1 Esslöffel gehackte frische normale oder 1 Teelöffel getrocknete normale, zerstoßene
- 1 Esslöffel gehackter frischer Kuchen oder 1 Teelöffel getrockneter Kuchen, zerkleinert
- ¼ Teelöffel schwarzer Pfeffer
- 2 Esslöffel Olivenöl
- 2 Zwiebeln, halbiert und in dünne Scheiben geschnitten
- 1 Tasse Paleo-Ketchup (siehe Rezept)
- 1 kleiner Kohlkopf, halbiert, entkernt und in 8 Spalten geschnitten
- ½ bis 1 Teelöffel zerstoßener roter Pfeffer

1. Backofen auf 350 °F vorheizen. Einen großen Teller mit Backpapier auslegen; beiseite legen, ignorieren. In einer großen Schüssel das gemahlene Huhn, das Ei, das Mandelmehl, die Petersilie, die Zwiebel, den Thymian und

den schwarzen Pfeffer vermischen. Die Putenmischung in eine vorbereitete 20 x 10 cm große Kastenform formen. 30 Minuten backen.

2. In der Zwischenzeit für die karamellisierte Tomatensauce 1 Esslöffel Olivenöl in einer großen Pfanne bei mittlerer Hitze erhitzen. Zwiebel hinzufügen; Etwa 5 Minuten kochen lassen oder bis die Zwiebeln größtenteils braun sind. Reduzieren Sie die Hitze auf mittel-niedrig; Unter gelegentlichem Rühren etwa 25 Minuten backen oder bis es goldbraun und sehr weich ist. Vom Herd nehmen; Paleo-Ketchup unterrühren.

3. Die Karamellsauce über das Toffee geben. Die Kohlscheiben rund um das Brötchen anordnen. Mit dem restlichen 1 Esslöffel Olivenöl beträufeln; Mit zerstoßenem rotem Pfeffer bestreuen. Etwa 40 Minuten lang backen oder bis ein in die Mitte des Laibs gestecktes Thermometer 165 °F anzeigt, mit zusätzlicher karamellisierter Tomatensauce begießen und nach 20 Minuten wenden. Lassen Sie die Fleischbällchen vor dem Schneiden 5–10 Minuten ruhen.

4. Truthahn mit Kohlspalten und restlichen karamellisierten Zwiebeln servieren.

TÜRKEI-POST

VORBEREITUNG:20 Minuten backen: 8 Minuten backen: 16 Minuten backen: 4 Portionen

SUPPENWÄRMER NACH MEXIKANISCHER ARTMEHR ALS NUR DEKORATION. KORIANDER VERLEIHT GESCHMACK, WÄHREND AVOCADO CREMIG IST UND GERÖSTETE PEPITAS FÜR EINE SCHÖNE KNUSPRIGKEIT SORGEN.

8 frische Tomaten

Ein 1¼ bis 1½ Pfund schwerer Truthahn

1 rote Paprika, entkernt und in dünne Scheiben geschnitten

½ Tasse gehackte Zwiebel (1 mittelgroße)

6 Knoblauchzehen, gehackt (1 Esslöffel)

1 Esslöffel mexikanisches Gewürz (sieheRezept)

2 Tassen Hühnerknochenbrühe (sieheRezept) oder ungesalzene Hühnersuppe

1 14,5 Unzen sonnengetrocknete, feuergeröstete Tomate

1 Jalapeño- oder Serrano-Chilischote, entkernt und gehackt (siehe AbbHinweis)

1 mittelgroße Avocado halbiert, geschält, entkernt und in dünne Scheiben geschnitten

¼ Tasse ungesalzene Pepitas, geröstet (sieheHinweis)

¼ Tasse gehackter frischer Koriander

Und die Boote

1. Heizen Sie den Grill vor. Von den Tomaten die Haut entfernen und wegwerfen. Die Tomaten waschen und halbieren. Werfen Sie die Tomaten auf den vorgeheizten Grill. Im Abstand von 10–12 cm aus der Form 8–10 Minuten backen oder bis sie goldbraun sind, dabei nach der Hälfte der Zeit wenden. Auf einem Kuchengitter in der Pfanne leicht abkühlen lassen.

2. In der Zwischenzeit den Truthahn, die Paprika und die Zwiebeln in einer großen Pfanne bei mittlerer bis hoher

Hitze 5 bis 10 Minuten lang anbraten, oder bis der Truthahn gebräunt und das Gemüse zart ist. Mit einem Holzlöffel umrühren, damit das Fleisch beim Garen auseinanderfällt. Lassen Sie das Öl bei Bedarf ab. Knoblauch und mexikanisches Gewürz hinzufügen. Noch 1 Minute kochen und umrühren.

3. Zwei Drittel der gehackten Tomaten und 1 Tasse Hühnerknochenbrühe in einem Mixer vermischen. Abdecken und glatt rühren. Geben Sie die Truthahnmischung in den Topf. 1 Tasse Hühnerbrühe, ungekochte Tomaten und Chilischoten einrühren. Restliche Tomaten grob hacken; zur Truthahnmischung hinzufügen. Koch es; reduziert Fieber. Abdecken und 10 Minuten köcheln lassen.

4. Zum Servieren die Suppe in flache Schüsseln füllen. Avocado, Pepitas und Koriander. Limettenschnitze über die Suppe drücken.

HÜHNERKNOCHENSUPPE

VORBEREITUNG: 15 Minuten Backen: 30 Minuten Backen: 4 Stunden Im Kühlschrank lagern: über Nacht: etwa 10 Tassen

DAS FRISCHESTE, DER BESTE GESCHMACK UND DIE HÖCHSTE QUALITÄTNÄHRWERT – VERWENDEN SIE IN REZEPTEN HAUSGEMACHTE HÜHNERBRÜHE. (ES ENTHÄLT KEIN SALZ, KEINE KONSERVIERUNGSSTOFFE ODER ZUSATZSTOFFE.) DAS RÖSTEN DER KNOCHEN VOR DEM DÄMPFEN VERBESSERT DEN GESCHMACK. WENN DIE KNOCHEN LANGSAM IN FLÜSSIGKEIT GEKOCHT WERDEN, REICHERN SIE DIE SUPPE MIT MINERALIEN WIE KALZIUM, PHOSPHOR, MAGNESIUM UND KALIUM AN. DIE UNTENSTEHENDE SLOW-COOKER-VERSION MACHT DIE ZUBEREITUNG NOCH EINFACHER. 2 UND 4 TASSEN EINFRIEREN UND NUR BEI BEDARF AUFTAUEN.

- 2 Pfund Hähnchenflügel und -rücken
- 4 Karotten, in dünne Scheiben geschnitten
- 2 große Lauchstangen, nur weiße und hellgrüne Teile, in dünne Scheiben geschnitten
- 2 Selleriestangen mit Blättern, grob gehackt
- 1 Pastinake, grob gehackt
- 6 große italienische (glattblättrige) Petersilie
- 6 frische Thymianzweige
- 4 Knoblauchzehen
- 2 Esslöffel schwarzer Pfeffer
- 2 Krabben
- Kaltes Wasser

1. Den Ofen auf 200 °C (425 °F) vorheizen. Hähnchenflügel und Hähnchen auf einer großen Platte anrichten; 30-35 Minuten backen oder bis es durchgeheizt ist.

2. Geben Sie die Hähnchenteile und braunen Stücke, die sich im Topf angesammelt haben, in einen großen Topf. Schalotten, Lauch, Sellerie, Petersilie, Dill, Thymian, Knoblauch, Pfeffer und Knoblauch hinzufügen. Gießen Sie so viel kaltes Wasser (ca. 12 Tassen) in einen großen Topf, dass das Huhn und das Gemüse bedeckt sind. Bei mittlerer Hitze zum Kochen bringen; Stellen Sie die Hitze so ein, dass der Eintopf auf sehr niedriger Stufe köchelt, so dass Luftblasen gerade erst an der Oberfläche aufbrechen. Abdecken und 4 Stunden köcheln lassen.

3. Die heiße Suppe durch ein großes Sieb abseihen, das mit zwei Lagen feuchtem, 100 %igem Käsetuch ausgelegt ist. Feststoffe entsorgen. Decken Sie die Suppe ab und stellen Sie sie über Nacht in den Kühlschrank. Entfernen Sie vor der Verwendung die Ölschicht von der Oberseite der Brühe und entsorgen Sie sie.

Tipp: Zum Eindicken der Suppe (optional) 1 Eiweiß, 1 zerdrückte Eierschale und ¼ Tasse kaltes Wasser in einer kleinen Schüssel vermischen. Rühren Sie die Mischung in die gefilterte Brühe ein. Gehen wir zurück zur Quelle. Vom Herd nehmen; 5 Minuten einwirken lassen. Die heiße Suppe durch ein mit frischem Käse aus 100 % Baumwolle ausgelegtes Sieb abseihen. Vor Gebrauch abkühlen lassen und im Kühlschrank aufbewahren.

Kochanleitung: Bis auf Schritt 2 wie angegeben zubereiten. Die Zutaten für 5–6 Viertel in den Slow Cooker geben. Abdecken und bei schwacher Hitze 12–14 Stunden garen. Gehen Sie wie in Schritt 3 beschrieben vor. Ergibt etwa 10 Tassen.

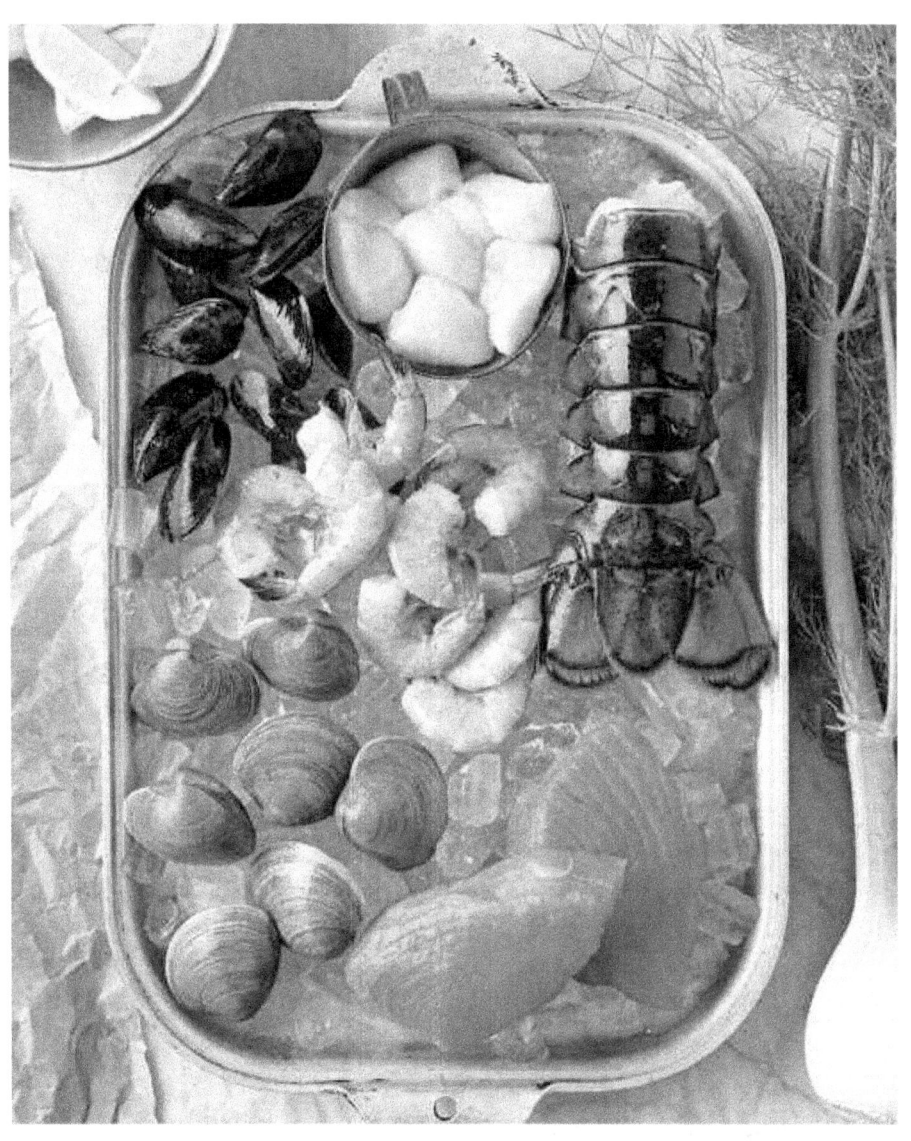

GRÜNER HARISSA-LACHS

VORBEREITUNG:25 Minuten Backen: 10 Minuten Grillen: 8 Minuten Zubereitung: 4 PortionenBILD

ES WIRD EIN NORMALER GEMÜSESCHÄLER VERWENDETSCHNEIDEN SIE FRISCHEN ROHEN SPARGEL IN DÜNNE STREIFEN FÜR DEN SALAT. IN EINER HELLEN ZITRUSVINAIGRETTE GESCHWENKT (SIEHEREZEPT) UND VERLEIHEN ZUSAMMEN MIT GERÖSTETEN SONNENBLUMENKERNEN DER LACHS-KRÄUTER-SAUCE EINE SCHÖNE NOTE.

LACHS
4 bis 8 Unzen frische oder gefrorene Lachsfilets ohne Haut, 4 Zoll dick

Olivenöl

HARISSA
1½ Teelöffel Kreuzkümmelsamen

1 Esslöffel Koriandersamen

1 Tasse frische Petersilienblätter

1 Tasse grob gehackter frischer Koriander (Blätter und Stängel)

2 Jalapeños, entkernt und grob gehackt (siehe AbbHinweis)

1 klein, beschnitten

2 Knoblauchzehen

1 Teelöffel fein abgeriebene Zitronenschale

2 Esslöffel frischer Zitronensaft

⅓ Tasse Olivenöl

SONNENBLUMENKERNE MIT FISCH
⅓ Tasse rohe Sonnenblumenkerne

1 Esslöffel Olivenöl

1 Teelöffel Piment (sieheRezept)

SALAT

12 große Spargelstangen, geputzt (ca. 1 Pfund)
⅓ Tasse helle Zitrusvinaigrette (siehe Rezept)

1. Wenn der Fisch gefroren ist, sollte er aufgetaut werden; mit einem Papiertuch abwischen. Beide Seiten des Fisches leicht mit Olivenöl bestreichen. Man legt es beiseite, man ignoriert es.

2. Für die Harissa die Kreuzkümmel- und Koriandersamen in einem kleinen Topf bei mittlerer bis niedriger Hitze 3–4 Minuten rösten, bis sie leicht gebräunt sind und duften. In einer Küchenmaschine die gerösteten Kreuzkümmel- und Koriandersamen, Petersilie, Koriander, Jalapeño, Zwiebel, Knoblauch, Limettensaft, Zitronensaft und Olivenöl vermischen. Uns geht es gut. Man legt es beiseite, man ignoriert es.

3. Für gewürzte Sonnenblumenkerne den Ofen auf 300 °F vorheizen. Mit Pergamentpapier auslegen; beiseite legen, ignorieren. Sonnenblumenkerne und 1 Teelöffel Olivenöl in einer kleinen Schüssel vermischen. Sprühen Sie das Dampfspray auf die Samen. muss gemischt werden. Die Sonnenblumenkerne gleichmäßig auf dem Backblech verteilen. Etwa 10 Minuten lang backen oder bis es leicht geröstet ist.

4. Für einen Holzkohlegrill oder Gasgrill legen Sie den Lachs bei mittlerer Hitze direkt auf den geölten Grill. Abdecken und 8-12 Minuten grillen oder bis der Fisch zur Hälfte durch den Grill gegrillt ist, wenn man ihn mit einem Spieß testet.

5. In der Zwischenzeit die Spargelstangen für den Salat mit einem Sparschäler in lange, dünne Streifen schälen. Auf einen Teller oder eine mittelgroße Schüssel geben. (Die Spitzen fallen auseinander, wenn sie dünn sind; auf einen Teller oder Teller geben. Mit gewürzten Sonnenblumenkernen bestreuen.

6. Zum Servieren je ein Filet auf vier Teller legen; 1 Esslöffel grüne Harissa für Filets. Mit gehobeltem Spargelsalat servieren.

GEBACKENER LACHS MIT MARINIERTEM ARTISCHOCKENSALAT

VORBEREITUNG: 20 Minuten grillen: 12 Minuten: 4 Portionen

SALATE EIGNEN SICH OFT AM BESTEN ZUM MISCHENSALAT WIRD AM BESTEN MIT DEN HÄNDEN UND SAUBEREN HÄNDEN SERVIERT.

- 4 6 Unzen frische oder gefrorene Lachsfilets
- 1 9-Unzen-Packung gefrorene Artischockenherzen, aufgetaut und getrocknet
- 5 Esslöffel Olivenöl
- 2 Esslöffel gehackter Schnittlauch
- 1 Esslöffel fein geriebene Zitronenschale
- ¼ Tasse frischer Zitronensaft
- 3 Esslöffel gehackter frischer Oregano
- ½ Teelöffel frisch gemahlener schwarzer Pfeffer
- 1 Esslöffel mediterrane Gewürze (siehe Rezept)
- 1 5-Unzen-Packung gemischter Babysalat

1. Wenn der Fisch gefroren ist, muss er aufgetaut werden. Den Fisch waschen; mit einem Papiertuch abwischen. Legen Sie den Fisch beiseite.

2. In einer mittelgroßen Schüssel Artischocken mit 2 Esslöffeln Olivenöl vermischen; beiseite legen, ignorieren. In einer großen Schüssel 2 Esslöffel Olivenöl, Schalotten, Zitronenschale, Zitronensaft und Oregano vermischen; beiseite legen, ignorieren.

3. Für einen Holzkohlegrill oder Gasgrill legen Sie die Artischockenherzen in den Grillkorb und grillen sie direkt bei mittlerer bis hoher Hitze. Abdecken und 6–8 Minuten grillen, dabei häufig umrühren. Die Artischocken vom Grill

nehmen. 5 Minuten abkühlen lassen, dann die Artischocken zur Mischung hinzufügen. Mit Fisch würzen; einen Mantel anziehen. Man legt es beiseite, man ignoriert es.

4. Zwiebel mit dem restlichen 1 Esslöffel Olivenöl bestreichen; Mit mediterranem Aroma bestreuen. Legen Sie die gegrillte Zwiebel mit der Gewürzseite nach unten direkt auf mittlere bis hohe Hitze. Abdecken und 6–8 Minuten grillen, oder den Grill nach der Hälfte der Zeit vorsichtig wenden, bis der Fisch beim Testen mit einer Gabel anfängt, sich aufzublähen.

5. Den Salat mit den gesalzenen Artischocken auf den Teller geben; Werfen Sie das Tuch vorsichtig hin und her. Salat serviert mit gegrilltem Lachs.

SCHNELL GEBRATENER CHILI-SALVI-LACHS MIT GRÜNER TOMATENSALSA

VORBEREITUNG: 35 Minuten Kühlen: 2–4 Stunden Backen: 10 Minuten: 4 Portionen

„BACKEN" BEZIEHT SICH AUF DIESE METHODEERHITZEN SIE EINE TROCKENE PFANNE AUF HÖCHSTER STUFE, GEBEN SIE ETWAS ÖL UND FISCH, HÜHNCHEN ODER FLEISCH (MAHLZEITEN!) HINEIN UND LASSEN SIE ES DANN IM OFEN FERTIG GAREN. SCHNELLES RÖSTEN VERKÜRZT DIE GARZEIT UND SORGT FÜR EINE SCHÖNE STEINSTRUKTUR UND EIN SAFTIGES, KÖSTLICHES INNERES.

LACHS

- 4 5–6 Unzen frische oder gefrorene Lachsfilets
- 3 Esslöffel Olivenöl
- ¼ Tasse fein gehackte Zwiebel
- 2 Knoblauchzehen, geschält und in Scheiben geschnitten
- 1 Esslöffel gemahlener Koriander
- 1 Teelöffel gemahlener Kreuzkümmel
- 2 Teelöffel süßer Paprika
- 1 Teelöffel getrockneter Oregano, zerstoßen
- ¼ Teelöffel Cayennepfeffer
- ⅓ Tasse frischer Limettensaft
- 1 Esslöffel gehackter frischer Spinat

GRÜNE TOMATENSALSA

- 1½ Tassen feste grüne Tomaten
- ⅓ Tasse gehackte rote Zwiebel
- 2 Esslöffel gehackter frischer Koriander
- 1 Jalapeño, entkernt und gehackt (siehe AbbHinweis)
- 1 Knoblauchzehe, gehackt
- Ein Teelöffel Erde

¼ Teelöffel Chilipulver

2-3 Esslöffel frischer Limettensaft

1. Wenn der Fisch gefroren ist, muss er aufgetaut werden. Den Fisch waschen; mit einem Papiertuch abwischen. Legen Sie den Fisch beiseite.

2. Für die Chilipaste 1 Esslöffel Olivenöl, Zwiebel und Knoblauch in einem kleinen Topf vermischen. Bei schwacher Hitze 1–2 Minuten kochen, bis es duftet. Koriander und Kreuzkümmel einrühren; kochen und 1 Minute rühren. Paprika, Oregano und Cayennepfeffer unterrühren; kochen und 1 Minute rühren. Limettensaft und Salbei hinzufügen; kochen und etwa 3 Minuten rühren; Gut.

3. Bestreichen Sie beide Seiten des Filets mit den Fingern mit der normalen Chilimischung. Legen Sie den Fisch in ein Glas oder einen nicht reaktiven Behälter. gut mit Plastikfolie abdecken. 2-4 Stunden kühl stellen.

4. In der Zwischenzeit für die Salsa Tomaten, Zwiebeln, Koriander, Jalapeño, Knoblauch, Kreuzkümmel und Chilipulver vermischen. Gut mischen. Mit Limettensaft beträufeln; einen Mantel anziehen.

4. Tauchen Sie die Zwiebel mit einem Gummispatel so weit wie möglich ein. Den Teig wegwerfen.

5. Stellen Sie eine extra große Gusseisenpfanne auf den Herd. Ofen auf 500°F vorheizen. Einen Topf im Ofen erhitzen.

6. Nehmen Sie die heiße Pfanne aus dem Ofen. 1 Esslöffel Olivenöl in den Topf geben. Kippen Sie die Pfanne, um den Boden der Pfanne mit Öl zu bedecken. Die Pilze mit der

Hautseite nach unten auf einen Teller legen. Die Oberseite der Filets mit dem restlichen 1 Esslöffel Olivenöl bestreichen.

7. Kochen Sie die Zwiebeln etwa 10 Minuten lang oder bis der Fisch anfängt, sich aufzublähen, wenn Sie ihn mit einer Gabel testen. Fisch mit Salsa servieren.

IN PAPILLOTE GEBACKENER LACHS UND SPARGEL MIT ZITRONEN-WALNUSS-PESTO

VORBEREITUNG: 20 Minuten zum Kochen: 17 Minuten: 4 Portionen

„EN PAPILLOTE" BACKEN BEDEUTET, NUR AUF PAPIER ZU BACKEN. ES IST AUS VIELEN GRÜNDEN EINE GROßARTIGE ART ZU KOCHEN. DURCH DAS DÄMPFEN VON FISCH UND GEMÜSE IN FOLIENVERPACKUNGEN BLEIBEN SÄFTE, AROMEN UND NÄHRSTOFFE ERHALTEN – EIN ANSCHLIEßENDES ABWASCHEN DES GESCHIRRS IST NICHT ERFORDERLICH.

- 4 6 Unzen frische oder gefrorene Lachsfilets
- 1 Tasse leicht verpackte frische Basilikumblätter
- 1 Tasse helle Petersilienblätter
- ½ Tasse Walnüsse, geröstet*
- 5 Esslöffel Olivenöl
- 1 Teelöffel fein abgeriebene Zitronenschale
- 2 Esslöffel frischer Zitronensaft
- 1 Knoblauchzehe, fein gehackt
- 1 Pfund dünn geschnittener Spargel
- 4 Esslöffel trockener Weißwein

1. Gefrorene Zwiebeln müssen aufgetaut werden. Den Fisch waschen; mit einem Papiertuch abwischen. Ofen auf 400 °F vorheizen.

2. Für das Pesto Basilikum, Petersilie, Walnüsse, Olivenöl, Zitronensaft, Zitronensaft und Knoblauch in einem Mixer oder einer Küchenmaschine vermischen. Abdecken und mixen oder verarbeiten, bis eine glatte Masse entsteht; beiseite legen, ignorieren.

3. Schneiden Sie vier 12-Zoll-Quadrate aus Pergamentpapier aus. Legen Sie für jedes Päckchen ein Lachsfilet in die Mitte der Pergamentfläche. Ein Viertel des Spargels und 2-3 Esslöffel Pesto darauflegen; 1 Esslöffel Wein hinzufügen. Heben Sie die beiden gegenüberliegenden Seiten des Backpapiers an und falten Sie sie einige Male über den Fisch. Falten Sie den Rand des Pergaments zum Verschließen. Wiederholen Sie diesen Vorgang, um drei weitere Pakete zu erstellen.

4. 17–19 Minuten lang backen oder bis der Fisch beim Testen mit einem Spieß anfängt, sich aufzublähen (öffnen Sie die Verpackung vorsichtig, um zu prüfen, ob er gar ist).

*Tipp: Heizen Sie den Ofen auf 350 °F vor, um die Fasane zu rösten. Die Nüsse in einer einzigen Schicht in einer flachen Pfanne verteilen. 8-10 Minuten backen oder bis es goldbraun ist, dabei einmal umrühren. Lassen Sie die Kuchen etwas abkühlen. Legen Sie die warmen Walnüsse auf ein sauberes Geschirrtuch. Mit einem Handtuch abtupfen, um die Haut zu lockern.

GEWÜRZTER LACHS MIT PILZ-APFEL-PFANNENSAUCE

VOM START ZUM ZIEL:40 Minuten Zubereitungszeit: 4 Portionen

ES SIND ALLES LACHSFILETSMIT EINER KOMBINATION AUS PILZEN, ROTEN ZWIEBELN UND ROTEN APFELSCHEIBEN – UND SERVIERT AUF EINEM BETT AUS HELLGRÜNEM SPINAT – IST ES EIN GROẞARTIGES GERICHT FÜR GÄSTE.

1 ½ Pfund frische oder gefrorene Lachsfilets, mit Haut
1 Esslöffel Samen, fein zerstoßen*
1 Teelöffel getrocknet, pur, zerstoßen
1 Teelöffel gemahlener Koriander
¼ Teelöffel trockener Senf
¼ Teelöffel schwarzer Pfeffer
2 Esslöffel Olivenöl
1½ Tassen frische Champignoncreme
1 mittelgroße rote Zwiebel, sehr dünn geschnitten
1 kleiner gekochter Apfel, geviertelt, geschält und in dünne Scheiben geschnitten
¼ Tasse trockener Weißwein
4 Tassen frischer Spinat
Frische, individuelle kleine Stücke (optional)

1. Gefrorene Zwiebeln müssen aufgetaut werden. Ofen auf 425°F vorheizen. Einen großen Teller mit Backpapier auslegen; beiseite legen, ignorieren. Den Fisch waschen; mit einem Papiertuch abwischen. Den Zwiebelfisch mit der Hautseite nach unten auf das vorbereitete Backblech legen. In einer kleinen Schüssel die Fenchelsamen, 1 Teelöffel getrockneten Thymian, Koriander, Senf und Pfeffer vermischen. Gleichmäßig mit Zwiebeln bestreuen; mit den Fingern reiben.

2. Messen Sie die Dicke des Fisches. Backen Sie den Fisch 4 bis 6 Minuten lang, bis er ½ Zoll dick ist oder bis er anfängt, sich aufzublähen, wenn Sie ihn mit einer Gabel testen.

3. In der Zwischenzeit das Olivenöl für die Soße in einer großen Pfanne bei mittlerer Hitze erhitzen. Pilze und Zwiebeln; 6-8 Minuten kochen, bis die Pilze weich sind und anfangen zu bräunen. Äpfel hinzufügen; Zugedeckt kochen und weitere 4 Minuten rühren. Den Wein vorsichtig hinzufügen. 2-3 Minuten kochen lassen oder bis die Apfelscheiben weich sind. Geben Sie die Pilzmischung mit einem Schaumlöffel in eine mittelgroße Schüssel. abdecken, um warm zu bleiben.

4. Kochen Sie den Spinat in derselben Pfanne 1 Minute lang oder bis der Spinat gerade zusammengefallen ist, unter ständigem Rühren. Den Spinat auf vier Teller verteilen. Die Zwiebel in vier gleich große Stücke schneiden, dabei quer zur Schale, aber nicht durchschneiden. Heben Sie die Lachsstücke mit einem großen Spatel von der Haut ab. Auf jeden Teller Spinat ein Stück Lachs legen. Die Pilzmischung gleichmäßig über den Lachs gießen. Nach Belieben mit frischem Thymian garnieren.

*Tipp: Zerkleinern Sie die Gerstensamen mit einer Zwiebel- oder Gewürzmühle.

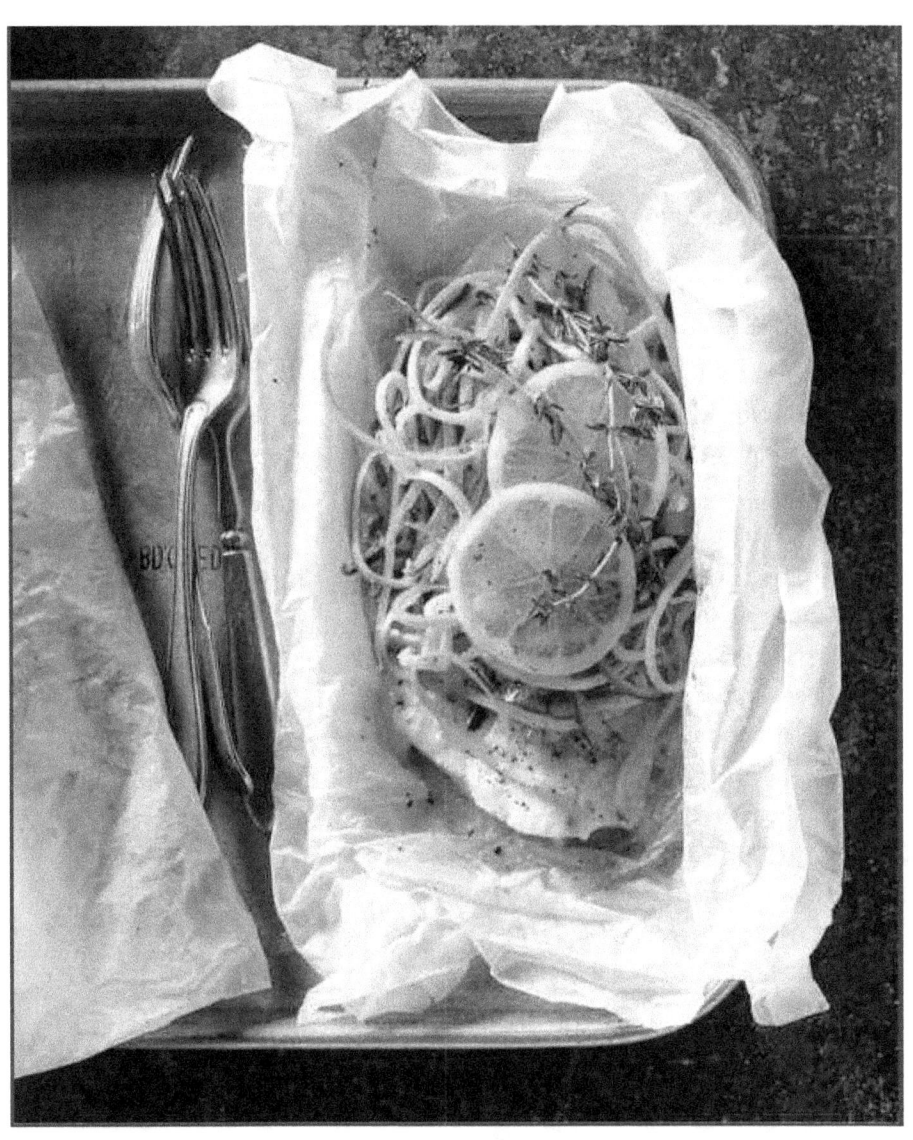

SOLE EN PAPILLOTE JULIENNE-GEMÜSE

VORBEREITUNG:30 Minuten zum Kochen: 12 Minuten: 4 Portionen<u>BILD</u>

NATÜRLICH KANN MAN GEMÜSE ESSENMIT EINEM SCHARFEN KOCHMESSER GEHT DAS ZWAR, IST ABER SEHR ZEITAUFWÄNDIG. JULIENNE-SCHÄLER (SIEHE<u>"WERKZEUGE"</u>) KÖNNEN SIE SCHNELL LANGE, DÜNNE UND GLEICHMÄßIGE GEMÜSESTREIFEN HERSTELLEN.

- 4 6 Unzen frische oder gefrorene Flunderfilets, Flunder oder anderer fester Weißfisch
- 1 Portion, geschnittene Julienne
- 1 große Karotte, gehackt
- ½ rote Zwiebel, Julienne schneiden
- 2 Roma-Tomaten, entkernt und gehackt
- 2 Knoblauchzehen, gehackt
- 1 Esslöffel Olivenöl
- Ein Teelöffel schwarzer Pfeffer
- 1 Zitrone in 8 dünne Scheiben schneiden, Kerne entfernen
- 8 frische Thymianzweige
- 4 Teelöffel Olivenöl
- ¼ Tasse trockener Weißwein

1. Wenn der Fisch gefroren ist, muss er aufgetaut werden. Ofen auf 375°F vorheizen. Zucchini, Karotten, Zwiebeln, Tomaten und Knoblauch in einer großen Schüssel vermischen. 1 Esslöffel Olivenöl und ¼ Teelöffel Pfeffer hinzufügen; Zum Kombinieren gut vermischen. Legen Sie das Gemüse beiseite.

2. Schneiden Sie vier 14-Zoll-Quadrate aus Pergamentpapier aus. Den Fisch waschen; mit einem Papiertuch abwischen.

In die Mitte jedes Quadrats ein Filet legen. Mit dem restlichen ¼ Teelöffel Pfeffer bestreuen. Gemüse, Zitronenspalten und Thymianzweige gleichmäßig auf den Filets verteilen. Jedes Glas mit 1 Teelöffel Olivenöl und 1 Esslöffel Weißwein beträufeln.

3. Heben Sie jeweils ein Päckchen an, heben Sie zwei gegenüberliegende Seiten auf das Pergamentpapier und falten Sie den Fisch mehrmals um. Falten Sie den Rand des Pergaments zum Verschließen.

4. Legen Sie die Päckchen in eine große Auflaufform. Etwa 12 Minuten lang backen, oder bis der Fisch beim Testen mit einem Spieß anfängt, sich aufzublähen (öffnen Sie zur Kontrolle vorsichtig die Verpackung).

5. Zum Servieren jedes Päckchen auf einen Teller legen; Öffnen Sie die Pakete vorsichtig.

RUCOLA-PESTO-FISCH-TACOS MIT GERÄUCHERTER LIMETTENCREME

VORBEREITUNG:30 Minuten grillen: 4–6 Minuten für ½ Zoll Dicke: 6 Portionen

THUNFISCH KANN DURCH CODE ERSETZT WERDEN- NICHT NUR TILAPIA. LEIDER IST TILAPIA EINE DER SCHLECHTESTEN FISCHSORTEN. TILAPIA WIRD FAST ÜBERALL UND OFT UNTER SCHRECKLICHEN BEDINGUNGEN ANGEBAUT – DAHER SOLLTE TILAPIA FAST ÜBERALL GEMIEDEN WERDEN.

4 4 bis 5 Unzen frische oder gefrorene Seezungenfilets, etwa ½ Zoll dick

1 Rezept für Rucola-Pesto (siehe Rezept)

½ Tasse Kakaocreme (siehe Rezept)

1 Teelöffel Piment (siehe Rezept)

1 Teelöffel fein gehackte Limettenschale

12 Salatblätter

1 reife Avocado, halbiert, entkernt, geschält und in dünne Scheiben geschnitten

1 Tasse gehackte Tomaten

¼ Tasse gehackter frischer Koriander

1 Limette in die Wimpern schneiden

1. Wenn der Fisch gefroren ist, muss er aufgetaut werden. Den Fisch waschen; mit einem Papiertuch abwischen. Legen Sie den Fisch beiseite.

2. Beide Seiten des Fisches mit Rucola-Pesto bestreichen.

3. Bei einem Holzkohlegrill oder Gasgrill legen Sie den Fisch bei mittlerer Hitze direkt auf den geölten Grill. Abdecken und 4-6 Minuten grillen oder bis sich der Fisch nach der Hälfte der Grillzeit zu drehen beginnt, wenn man ihn mit einem Spieß testet.

4. In der Zwischenzeit für den rauchigen Limettenpudding in einer kleinen Schüssel die Cava-Creme, die rauchigen Gewürze und den Limettensaft vermischen.

5. Den Fisch mit einer Gabel zerkleinern. Butternusskürbis mit Fisch, Avocadoscheiben und Tomaten füllen; Mit Koriander bestreuen. Tacos mit rauchiger Limettencreme bestreichen. Tacos mit Limettenspalten zum Garnieren servieren.

MANDELSCHALE

VORBEREITUNG:15 Minuten zum Kochen: 3 Minuten: 2 Portionen

ETWAS MANDELMEHLCREMIGE DILLMAYONNAISE UND EIN SPRITZER FRISCHER ZITRONE SORGEN FÜR DIE PERFEKTE KRUSTE AUF DIESEM SUPERSCHNELL GEBRATENEN FISCH.

12 Unzen frisches oder gefrorenes einzelnes Filet
1 Esslöffel Zitronenschale (siehe Rezept)
¼-½ Teelöffel schwarzer Pfeffer
⅓ Tasse Mandelmehl
2-3 Esslöffel Olivenöl
¼ Tasse Paleo Mayo (siehe Rezept)
1 Teelöffel gehackte frische Zwiebel
Zitronenscheiben

1. Wenn der Fisch gefroren ist, muss er aufgetaut werden. Den Fisch waschen; mit einem Papiertuch abwischen. Zitronenschale und Pfeffer in einer kleinen Schüssel vermischen. Bestreichen Sie beide Seiten des Filets mit der aromatischen Mischung und drücken Sie es leicht an, um es zu verschließen. Das Mandelmehl auf einen großen Teller streuen. Eine Seite jedes Filets mit Mandelmehl bestreichen und leicht andrücken, damit es festklebt.

2. In einer großen Pfanne bei mittlerer bis hoher Hitze so viel Öl erhitzen, dass die Pfanne bedeckt ist. Den Fisch mit der Hautseite nach unten dazugeben. 2 Minuten kochen lassen. Den Fisch vorsichtig wenden; Etwa 1 Minute kochen lassen, oder bis der Fisch nach dem Testen mit einer Gabel zurückspringt.

3. Für die Sauce Paleo-Mayonnaise und Dill in einer kleinen Schüssel vermischen. Serviert mit Fischsauce und Zitronenspalten.

GEBACKENER KABELJAU MIT ZUBEREITETER MANGO-BASILIKUM-SAUCE UND SNACKPAKETEN

VORBEREITUNG: 20 Minuten Grillen: 6 Minuten: 4 Portionen

1 bis 1,5 Pfund frischer oder gefrorener Kabeljau, ½ Zoll dick
4 Stück 24 Zoll x 12 Zoll breit
1 mittelgroße Blaubeere, in Julienne-Streifen geschnitten
Zitronenduft (vgl Rezept)
¼ Tasse Chipotle Paleo Mayo (siehe Rezept)
1-2 Esslöffel pürierte Mango*
1 Esslöffel frischer Limetten- oder Zitronensaft oder Reisweinessig
2 Esslöffel gehacktes frisches Basilikum

1. Wenn der Fisch gefroren ist, muss er aufgetaut werden. Den Fisch waschen; mit einem Papiertuch abwischen. Den Fisch in vier Stücke schneiden.

2. Schneiden Sie jedes Stück Folie in zwei Hälften, sodass zwei 12 Zoll dicke Quadrate entstehen. Legen Sie ein Stück Fisch in die Mitte des Folienquadrats. Ein Viertel des Zaki darauf legen. Mit Zitronenschale bestreuen. Heben Sie die beiden gegenüberliegenden Seiten der Aluminiumfolie an und falten Sie sie mehrmals über das Filet und den Fisch. In Alufolie einwickeln. Wiederholen Sie diesen Vorgang, um drei weitere Pakete zu erstellen. Zum Dressing Chipotle Paleo Mayo, Mango, Limettensaft und Basilikum in einer kleinen Schüssel vermischen; beiseite legen, ignorieren.

3. Bei einem Holzkohlegrill oder Gasgrill legen Sie die Päckchen bei mittlerer Hitze direkt auf den geölten Grill.

Abdecken und 6–9 Minuten grillen, oder bis der Fisch mit einer Gabel geprüft wird und anfängt, sich aufzublähen (öffnen Sie die Verpackung vorsichtig, um zu prüfen, ob er zart ist). Drehen Sie die Päckchen beim Grillen nicht. Jedes Stück mit der Soße bestreichen.

*Tipp: Für Mangopüree ¼ Tasse gehackte Mango und 1 Esslöffel Wasser in einem Mixer pürieren. Abdecken und glatt rühren. Den Rest der pürierten Mango in das Sieb geben.

GEBRATENER KABELJAU MIT MIT PESTO GEFÜLLTEN TOMATEN IM RIESLING

VORBEREITUNG: 30 Minuten zum Kochen: 10 Minuten: 4 Portionen

1 bis 1,5 Pfund frische oder gefrorene Kabeljaufilets, 1 Zoll dick

4 Roma-Tomaten

3 Esslöffel Basilikumpesto (siehe Rezept)

¼ Teelöffel schwarzer Pfeffer

1 Tasse trockener Riesling oder Sauvignon Blanc

1 Zweig frischer Thymian oder ½ Teelöffel getrockneter Thymian, zerstoßen

1 Rübenblatt

½ Tasse Wasser

2 Esslöffel gehackter Schnittlauch

Zitronenscheiben

1. Wenn der Fisch gefroren ist, muss er aufgetaut werden. Die Tomaten waagerecht halbieren. Schneiden Sie die Kerne und einen Teil des Fruchtfleisches ab. (Wenn Sie möchten, dass die Tomaten flach liegen, schneiden Sie eine sehr dünne Scheibe vom Ende der Tomate ab und achten Sie darauf, dass der Boden keine Löcher aufweist.) Pesto über die Tomatenhälften geben; mit gebrochenem Pfeffer bestreuen; beiseite legen, ignorieren.

2. Den Fisch waschen; mit einem Papiertuch abwischen. Den Fisch in vier Stücke schneiden. Stellen Sie den Dampfkorb in einen großen Topf mit dicht schließendem Deckel. Geben Sie etwa ½ Zoll Wasser in den Topf. Koch es; Hitze auf mittlere Stufe reduzieren. Legen Sie die gewürfelten Tomaten in den Korb. Abdecken und 2-3 Minuten köcheln lassen, bis es durchgeheizt ist.

3. Die Tomaten auf einen Teller legen; abdecken, um warm zu bleiben. Nehmen Sie den Dampfgarer aus dem Topf. Werfen Sie das Wasser weg. Wein, Thymian, Lorbeerblätter und ½ Tasse Wasser in den Topf geben. Koch es; Reduzieren Sie die Hitze auf einen niedrigen Wert. Fisch und Zwiebeln hinzufügen. 8–10 Minuten köcheln lassen, oder bis der Fisch beim Testen mit einer Gabel anfängt, sich aufzublähen.

4. Etwas Pochierflüssigkeit über den Fisch träufeln. Der Fisch wird mit Tomaten, Pesto und Zitronenspalten serviert.

PISTAZIEN-KORIANDER-KABELJAU, GEKOCHT MIT SÜßKARTOFFELPÜREE

VORBEREITUNG:20 Minuten backen: 10 Minuten backen: 4–6 Minuten für ½ Zoll Dicke: 4 Portionen

- 1 oder 1,5 Pfund frischer oder gefrorener Kabeljau
- Olivenöl oder raffiniertes Kokosöl
- 2 Esslöffel gemahlene Pistazien, Pekannüsse oder Mandeln
- 1 Eiweiß
- Ein Teelöffel fein geriebene Zitronenschale
- 1½ Pfund Süßkartoffeln, geschält und gewürfelt
- 2 Knoblauchzehen
- 1 Esslöffel Kokosöl
- 1 Esslöffel geriebener frischer Ingwer
- Ein Teelöffel Erde
- ¼ Tasse Kokosmilch (wie Nature's Way)
- 4 Teelöffel Korianderpesto oder Basilikumpesto (sieheRezepte)

1. Wenn der Fisch gefroren ist, muss er aufgetaut werden. Den Kohl kochen. Loch in der Grillpfanne einfetten. Erdnüsse, Eiweiß und Zitronenschale in einer kleinen Schüssel vermischen; beiseite legen, ignorieren.

2. Für das Süßkartoffelpüree die Süßkartoffeln und den Knoblauch in ausreichend kochendem Wasser in einem mittelgroßen Topf 10–15 Minuten kochen, bis sie weich sind. Kanal; Süßkartoffeln und Knoblauch wieder auf den Teller geben. Die Süßkartoffel mit dem Kartoffelstampfer vermischen. Mischen Sie 1 Esslöffel Kokosöl, Ingwer und Kreuzkümmel. In Kokosmilch pürieren, bis es leicht und cremig ist.

3. Den Fisch waschen; mit einem Papiertuch abwischen. Den Fisch vierteln und auf den vorgeheizten Grill legen. Legen Sie es unter die dünnen Ränder. Jeden Bissen mit Korianderpesto beträufeln. Die Walnussmischung über das Pesto gießen und vorsichtig verteilen. Braten Sie den Fisch 4 bis 6 Minuten lang 1,25 cm dick oder decken Sie ihn während des Garens mit Folie ab, wenn der Fisch mit einem Spieß getestet wird und die Haut anfängt zu brennen. Der Fisch wird mit Süßkartoffeln serviert.

ROSMARIN-MANDARINEN-KABELJAU MIT GEBACKENEM BROKKOLI

VORBEREITUNG: 15 Minuten Marinieren: bis zu 30 Minuten Kochen: 12 Minuten Zubereitung: 4 Portionen

1 oder 1,5 Pfund frischer oder gefrorener Kabeljau
1 Teelöffel fein geriebene Mandarinenschale
½ Tasse frischer Mandarinen- oder Orangensaft
4 Esslöffel Olivenöl
2 Teelöffel gehackte frische Chilis
¼-½ Teelöffel schwarzer Pfeffer
1 Teelöffel fein geriebene Mandarinenschale
3 Tassen Brokkoli
¼ Teelöffel zerstoßener roter Pfeffer
Mandarinenscheiben, entkernt

1. Den Ofen auf 450 °F vorheizen. Wenn der Fisch gefroren ist, sollte er aufgetaut werden. Den Fisch waschen; mit einem Papiertuch abwischen. Den Fisch in vier Stücke schneiden. Messen Sie die Dicke des Fisches. Kombinieren Sie optional Mandarinensaft, 2 Esslöffel Olivenöl, Pfeffer und schwarzen Pfeffer; Fisch hinzufügen. Abdecken und zum Marinieren 30 Minuten im Kühlschrank lagern.

2. In einer großen Schüssel Brokkoli mit den restlichen 2 Esslöffeln Olivenöl und zerstoßener roter Paprika vermischen. In eine 2-Liter-Auflaufform geben.

3. Ein Backblech leicht mit nativem Olivenöl extra einfetten. Den Fisch abtropfen lassen und die Marinade aufkochen. Legen Sie den Fisch in die Pfanne und drücken Sie den dünnen Rand zusammen. Legen Sie den Fisch und den Brokkoli in den Ofen. Brokkoli sollte 12–15 Minuten lang

oder bis zur Hälfte gar gekocht werden. Braten Sie den Fisch in 1/2 Zoll dicke Scheiben 4 bis 6 Minuten lang oder bis der Fisch zurückspringt, wenn Sie ihn mit einer Gabel testen.

4. Die übrig gebliebene Marinade in einem kleinen Topf zum Kochen bringen; 2 Minuten kochen lassen. Die Marinade über den gekochten Fisch träufeln. Fisch serviert mit Brokkoli und Mandarinenscheiben.

CURRY-KABELJAUSALAT MIT EINGELEGTEM RETTICH

VORBEREITUNG:20 Minuten stehen lassen: 20 Minuten backen: 6 Minuten vorbereiten: 4 PortionenBILD

- 1 Pfund frische oder gefrorene Kabeljaufilets
- 6 Radieschen, grob gehackt
- 6-7 Esslöffel Apfelessig
- ½ Teelöffel zerstoßener roter Pfeffer
- 2 Esslöffel unraffiniertes Kokosöl
- ¼ Tasse Mandelbutter
- 1 Knoblauchzehe, gehackt
- 2 Teelöffel fein geriebener Ingwer
- 2 Esslöffel Olivenöl
- 1½-2 Esslöffel ungesalzenes Currypulver
- 4-8 Salatblätter oder Salatblätter
- 1 rote Paprika, in Julienne-Streifen geschnitten
- 2 Esslöffel gehackter frischer Koriander

1. Wenn der Fisch gefroren ist, muss er aufgetaut werden. In eine mittelgroße Schüssel Radieschen, 4 Esslöffel Essig und ¼ Teelöffel zerstoßenen roten Pfeffer geben; 20 Minuten stehen lassen, dabei gelegentlich umrühren.

2. Für die Mandelbuttersauce das Kokosöl in einem kleinen Topf bei schwacher Hitze schmelzen. Mandelbutter glatt rühren. Knoblauch, Ingwer und ¼ Teelöffel zerstoßenen roten Pfeffer hinzufügen. Vom Herd nehmen. Die restlichen 2-3 Esslöffel Apfelessig hinzufügen und glatt rühren; beiseite legen, ignorieren. (Durch Zugabe von Essig wird die Soße etwas dicker.)

3. Den Fisch waschen; mit einem Papiertuch abwischen. Olivenöl und Currypulver in einem großen Topf bei

mittlerer Hitze erhitzen. Fisch hinzufügen; 3-6 Minuten kochen lassen oder bis der Fisch zur Hälfte gar ist, wenn man ihn mit einem Spieß testet. Den Fisch mit zwei Gabeln grob zerteilen.

4. Rettich hinzufügen; Werfen Sie die Marinade weg. Auf jedes Salatblatt etwas Fisch, rote Paprikastreifen, Radieschenmischung und Mandelbutter geben. Mit Koriander bestreuen. Füllen Sie die Blätter. Befestigen Sie das Paket ggf. mit einem Holzzahnstocher.

GEKOCHTE GEFLECKTE ZITRONE UND SCHNITTLAUCH

VORBEREITUNG: 25 Minuten zum Kochen: 50 Minuten: 4 Portionen

SCHELLFISCH, PLÖTZE UND KABELJAU SIND ALLE DAMILDER GESCHMACK, SEHR WEIßES FRUCHTFLEISCH. IN DEN MEISTEN REZEPTEN WIRD DIES EINFACH DURCH GEKOCHTEN FISCH UND GEMÜSE MIT KRÄUTERN UND WEIN ERSETZT.

- 4 6 Unzen frische oder gefrorene Schellfisch-, Seelachs- oder Kabeljaufilets, etwa ½ Zoll dick
- 1 große Frühlingszwiebel, entkernt und in Scheiben geschnitten, die Blätter beiseite gelegt und gehackt
- 4 mittelgroße Karotten, der Länge nach halbieren und in 2 bis 3 Zoll große Stücke schneiden
- 1 rote Zwiebel, halbiert und in Scheiben geschnitten
- 2 Knoblauchzehen, gehackt
- 1 Zitrone in dünne Scheiben geschnitten
- 3 Esslöffel Olivenöl
- Ein Teelöffel schwarzer Pfeffer
- ¾ Tasse trockener Weißwein
- 2 Esslöffel fein gehackte frische Petersilie
- 2 Esslöffel gehackte frische Salbeiblätter
- 2 Teelöffel fein abgeriebene Zitronenschale

1. Wenn der Fisch gefroren ist, muss er aufgetaut werden. Ofen auf 400 °F vorheizen. Schalotten, Karotten, Zwiebeln, Knoblauch und Zitronenschale in einer rechteckigen 3-Liter-Auflaufform vermengen. Mit 2 Esslöffeln Olivenöl und ¼ Teelöffel Pfeffer beträufeln; einen Mantel anziehen. Gießen Sie den Wein in den Topf. Decken Sie die Pfanne mit Folie ab.

2. 20 Minuten backen. Offen; In die Gemüsemischung einrühren. Weitere 15–20 Minuten kochen lassen oder bis das Gemüse weich und zart ist. Kräutermischung unterrühren. Den Fisch mit dem restlichen ¼ Teelöffel Pfeffer bestreuen; Legen Sie den Fisch auf die Gemüsemischung. Mit dem restlichen 1 Esslöffel Olivenöl beträufeln. Etwa 8-10 Minuten backen oder bis der Fisch aufzublähen beginnt, wenn man ihn mit einer Gabel prüft.

3. Petersilie, Lorbeerblätter und Zitronenschale in einer kleinen Schüssel vermischen. Beim Servieren die Fisch-Gemüse-Mischung auf Teller verteilen. Den Fisch und das Gemüse in den Topf geben. Über die Petersilienmischung streuen.

PEKANNUSS-SCHNAPPER, OKRA UND TOMATE NACH CAJUN-ART

VORBEREITUNG: 1 Stunde Kochzeit: 10 Minuten Kochzeit: 8 Minuten Zubereitung: 4 Portionen

ES IST EIN FISCHGERICHT, DAS SICH PERFEKT FÜR EINE PARTNERSCHAFT EIGNETDIE ZUBEREITUNG BRAUCHT ZEIT, ABER DER REICHHALTIGE GESCHMACK MACHT ES VERLOCKEND. AUCH DIESE MAYONNAISE-SAUCE, GEWÜRZT MIT ZITRONEN- UND CAJUN-GESCHMACK UND GARNIERT MIT GEHACKTER ROTER PAPRIKA, ZWIEBELN UND PETERSILIE, KANN EINEN TAG IM VORAUS ZUBEREITET UND GEKÜHLT WERDEN.

- 4 Esslöffel Olivenöl
- ½ Tasse fein gehackte Pekannüsse
- 2 Esslöffel gehackte frische Petersilie
- 1 Esslöffel gehackter frischer Thymian
- 2 8-Unzen-Red Snapper-Filets, ½ Zoll dick
- 4 Teelöffel Cajun-Gewürz (siehe Rezept)
- ½ Tasse gehackte Zwiebel
- ½ Tasse gehackte grüne Paprika
- ½ Tasse geschnittener Sellerie
- 1 Esslöffel gehackter Knoblauch
- 1 Pfund frische Okraschoten, in 2,5 cm dicke Scheiben geschnitten (oder frischer Spargel, in 2,5 cm dicke Scheiben geschnitten);
- Trauben- oder Kirschtomaten, 8 oz
- 2 Teelöffel gehackter frischer Thymian
- Schwarzer Pfeffer
- Remoulade (Rezept siehe rechts)

1. 1 Esslöffel Olivenöl bei mittlerer Hitze erhitzen. Fügen Sie die Pekannüsse hinzu und rösten Sie sie etwa 5 Minuten

lang oder bis sie goldbraun sind und duften. Die Pekannüsse auf einen kleinen Teller geben und abkühlen lassen. Petersilie und Kuchen dazugeben und beiseite stellen.

2. Den Ofen auf 400 °F vorheizen. Mit Backpapier oder Alufolie auslegen. Die Schnapperfilets mit der Hautseite nach unten auf ein Backblech legen und jeweils mit 1 Teelöffel Cajun-Gewürz bestreuen. Mit einem Backpinsel 2 Esslöffel Olivenöl über die Filets streichen. Verteilen Sie die Pekannussmischung gleichmäßig auf den Filets und drücken Sie die Pekannüsse vorsichtig in die Oberfläche des Fisches, damit sie zusammenkleben. Bedecken Sie nach Möglichkeit alle freiliegenden Teile des Fischfilets mit Walnüssen. Den Fisch mit der Messerspitze 8-10 Minuten backen oder bis er leicht zerfällt.

3. Den restlichen 1 Esslöffel Olivenöl in einer großen Pfanne bei mittlerer bis hoher Hitze erhitzen. Zwiebel, Paprika, Sellerie und Knoblauch hinzufügen. 5 Minuten kochen lassen oder bis das Gemüse zart und weich ist. Fügen Sie geschnittene Okraschoten (oder Spargel, falls verwendet) und Tomaten hinzu; 5-7 Minuten kochen lassen, oder bis die Okraschoten weich sind und die Tomaten anfangen zu platzen. Vom Herd nehmen und mit Thymian und schwarzem Pfeffer abschmecken. Mit Gemüseschnapper und Remoulade servieren.

Remoulade: In einer Küchenmaschine ½ Tasse gehackte rote Paprika, ¼ Tasse gehackte Zwiebeln und 2 Esslöffel gehackte frische Petersilie vermischen. Fügen Sie ¼ Tasse Paleo Mayo hinzu (sieheRezept), ¼ Tasse Dijon-Senf (siehe Rezept), 1½ Esslöffel Zitronensaft und ¼ TL Cajun-Gewürz (siehe Rezept). Pulsieren, bis alles gut vermischt ist. Auf einen Teller geben und bis zum Servieren im Kühlschrank aufbewahren. (Remoulade kann bis zu 1 Tag im Voraus zubereitet und gekühlt werden.)

ESTRAGON-THUNFISCHBÄLLCHEN MIT AVOCADO-ZITRONEN-AÏOLI

VORBEREITUNG:25 Minuten zum Kochen: 6 Minuten: 4 PortionenBILD

DAZU GEHÖRT NEBEN ZWIEBELN AUCH THUNFISCHSELTENER FISCH, DER IN DÜNNE SCHEIBEN GESCHNITTEN UND ZU HAMBURGERN VERARBEITET WERDEN KANN. ACHTEN SIE DARAUF, DEN THUNFISCH IN DER KÜCHENMASCHINE NICHT ZU STARK ZU VERARBEITEN – EINE ÜBERMÄßIGE VERARBEITUNG MACHT IHN ZÄHER.

- 1 Pfund frische oder gefrorene Thunfischfilets ohne Haut
- 1 Eiweiß, leicht geschlagen
- ¾ Tasse gemahlenes goldenes Flachsmehl
- 1 Esslöffel frisch gehackter Estragon oder Schnittlauch
- 2 Esslöffel gehackter frischer Schnittlauch
- 1 Teelöffel fein abgeriebene Zitronenschale
- 2 Esslöffel Leinsamenöl, Avocadoöl oder Olivenöl
- 1 mittelgroße Avocado, in Scheiben geschnitten
- 3 Esslöffel Paleo Mayo (sieheRezept)
- 1 Teelöffel fein abgeriebene Zitronenschale
- 2 Teelöffel frischer Zitronensaft
- 1 Knoblauchzehe, gehackt
- 4 Unzen Babyspinat (etwa 4 Tassen dicht gepackt)
- ⅓ Tasse geröstete Knoblauchvinaigrette (sieheRezept)
- 1 Old Smith Apfel, gefärbt und in mundgerechte Stücke geschnitten
- ¼ Tasse gehackte geröstete Walnüsse (sieheHinweis)

1. Wenn der Fisch gefroren ist, muss er aufgetaut werden. Den Fisch waschen; mit einem Papiertuch abwischen. Den Fisch in 1,5 Zoll große Stücke schneiden. Den Fisch in die Küchenmaschine geben; sollte mit Hülsenfrüchten

gehackt werden. (Achten Sie darauf, dass der Kuchen nicht zu lange kocht, sonst wird er hart.) Legen Sie den Fisch beiseite.

2. In einer mittelgroßen Schüssel Eiweiß, ¼ Tasse Leinsamenmehl, Estragon, Schnittlauch und Zitronenschale vermischen. Fisch hinzufügen; Vorsichtig mischen. Rollen Sie die Fischmischung in vier ½ Zoll dicke Pastetchen.

3. Geben Sie die restliche halbe Tasse Leinsamenmehl in eine flache Schüssel. Tauchen Sie die Kekse in den Teig und rollen Sie sie dann gleichmäßig darin.

4. In einem extra großen Topf bei mittlerer Hitze mittelgroß erhitzen. Thunfischfrikadellen in heißem Öl 6 bis 8 Minuten lang kochen, oder bis ein horizontal eingesetztes Thermometer 160 °F anzeigt, dabei nach der Hälfte der Garzeit einmal wenden.

5. In der Zwischenzeit für die Aïoli die Avocado mit einer Gabel in einer mittelgroßen Schüssel zerdrücken. Paleo Mayo, Zitronenschale, Zitronensaft und Knoblauch hinzufügen. Gut vermischen, bis eine glatte Masse entsteht.

6. Geben Sie den Spinat in eine mittelgroße Schüssel. Spinat mit gekochter Knoblauchvinaigrette vermengen; einen Mantel anziehen. Für jede Portion eine Thunfischkugel und ein Viertel des Spinats auf einen Teller legen. Top Thunfisch mit Aïoli. Garniert mit Spinat und Walnüssen. Sofort servieren.

GESTREIFTE BASS-TAJINE

VORBEREITUNG: 50 Minuten Abkühlen: 1–2 Stunden Backen: 22 Minuten Backen: 25 Minuten Zubereitung: 4 Portionen

ES HEIßT TAJINEEINE ART NORDAFRIKANISCHES ESSEN (EINE ART EINTOPF) UND EINE SCHÜSSEL MIT GEBACKENEN ZAPFEN. WENN NICHT, FUNKTIONIERT EINE ABGEDECKTE OFENFESTE PFANNE HERVORRAGEND. CHERMOULA IST EINE DICKE NORDAFRIKANISCHE GEMÜSEPASTE, DIE OFT ALS MARINADE FÜR FISCH VERWENDET WIRD. SERVIEREN SIE DIESES FARBENFROHE FISCHGERICHT MIT SÜßKARTOFFELN ODER KOHL.

- 4 6 Unzen frische oder gefrorene Streifenbarsch- oder Heilbuttfilets mit Haut
- 1 Bund Koriander, gehackt
- 1 Esslöffel fein abgeriebene Zitronenschale (beiseite stellen)
- ¼ Tasse frischer Zitronensaft
- 4 Esslöffel Olivenöl
- 5 Knoblauchzehen, gehackt
- 4 Teelöffel gemahlener Kreuzkümmel
- 2 Teelöffel süßer Paprika
- 1 Esslöffel
- ¼ TL
- 1 große Zwiebel, geschält, halbiert und in dünne Scheiben geschnitten
- 1 15 Unzen ungesalzene, geröstete, gewürfelte Tomaten, können abgetropft werden
- ½ Tasse Hühnerknochenbrühe (siehe Rezept) oder ungesalzene Hühnersuppe
- 1 große gelbe Paprika, entkernt und in ½-Zoll-Streifen geschnitten
- 1 große orangefarbene Paprika, entkernt und in ½-Zoll-Streifen geschnitten

1. Wenn der Fisch gefroren ist, muss er aufgetaut werden. Den Fisch waschen; mit einem Papiertuch abwischen. Legen

Sie die Fischfilets in eine flache, nichtmetallische Auflaufform. Legen Sie den Fisch beiseite.

2. Für die Chermoula Koriander, Zitronensaft, 2 Esslöffel Olivenöl, 4 Knoblauchzehen, Kreuzkümmel, Paprika, Koriander und Anis in einem Mixer oder einer kleinen Küchenmaschine vermischen. Fertig stellen und glatt rühren.

3. Die Hälfte der Chermoula über den Fisch gießen und den Fisch wenden, sodass beide Seiten bedeckt sind. Abdecken und 1-2 Stunden im Kühlschrank lagern. Mit dem restlichen Dressing bedecken; Bei Zimmertemperatur stehen lassen, bis es benötigt wird.

4. Den Ofen auf 325 °F vorheizen. Die restlichen 2 Esslöffel Öl in einer großen Pfanne bei mittlerer bis hoher Hitze erhitzen. Zwiebel hinzufügen; 4-5 Minuten kochen lassen oder bis es weich ist. 1 gehackte Knoblauchzehe unterrühren; kochen und 1 Minute rühren. Fügen Sie die reservierten Frühlingszwiebeln, Tomaten, Hühnerbrühe, Paprikastreifen und Zitronenschale hinzu. Koch es; reduziert Fieber. 15 Minuten kochen lassen. Geben Sie die Mischung bei Bedarf in die Tajine. Den restlichen Fisch und die Garnelen aus der Pfanne hinzufügen. Abdeckung; 25 Minuten backen. Sofort servieren.

HEILBUTT IN KNOBLAUCH-GARNELENSAUCE MIT SOFFRITO-GRÜNKOHL

VORBEREITUNG: 30 Minuten zum Kochen: 19 Minuten: 4 Portionen

ES GIBT VIELE QUELLEN UND ARTEN VON HEILBUTT. UND KÖNNEN VON UNTERSCHIEDLICHER QUALITÄT SEIN – UND UNTER UNTERSCHIEDLICHEN BEDINGUNGEN GEFANGEN WERDEN. DIE NACHHALTIGKEIT DER FISCHE, IHR LEBENSRAUM UND DIE ZUCHT-/FISCHEREIBEDINGUNGEN SIND FAKTOREN, DIE BESTIMMEN, WELCHE FISCHE FÜR DEN VERZEHR GEEIGNET SIND. BESUCHEN SIE DIE WEBSITE DES MONTEREY BAY AQUARIUM (WWW.SEAFOODWATCH.ORG) FINDEN SIE DIE NEUESTEN INFORMATIONEN DARÜBER, WELCHEN FISCH SIE ESSEN UND WELCHEN SIE MEIDEN SOLLTEN.

- 6 Unzen frische oder gefrorene Heilbuttfilets, 4 Zoll dick
- Schwarzer Pfeffer
- 6 Esslöffel natives Olivenöl extra
- ½ Tasse fein gehackte Zwiebel
- ¼ Tasse gehackter roter Pfeffer
- 2 Knoblauchzehen, gehackt
- 1 Teelöffel gemahlener Paprika
- ½ Teelöffel gehackter frischer Oregano
- 4 Tassen Grünkohl, in ¼ Zoll dicke Streifen geschnitten (ca. 12 Unzen)
- ⅓ Tasse Wasser
- 8 Unzen mittelgroße Garnelen, geschält, geputzt und grob gehackt
- 4 Knoblauchzehen, in dünne Scheiben geschnitten
- ¼–½ Teelöffel zerstoßener roter Pfeffer
- ⅓ Tasse trockenes Sorbet
- 2 Esslöffel Zitronensaft

¼ Tasse gehackte frische Petersilie

1. Wenn der Fisch gefroren ist, muss er aufgetaut werden. Den Fisch waschen; mit einem Papiertuch abwischen. Den Fisch mit Pfeffer würzen. 2 Esslöffel Olivenöl in einer großen Pfanne bei mittlerer Hitze erhitzen. Filets hinzufügen; 10 Minuten lang backen oder bis es goldbraun und zart ist, wenn man es mit einer Gabel prüft. Den Fisch auf einen Teller geben und zum Warmhalten mit Folie abdecken.

2. In der Zwischenzeit in einer anderen großen Pfanne 1 Esslöffel Olivenöl bei mittlerer Hitze erhitzen. Zwiebel, Paprika, 2 Knoblauchzehen, Paprika und Oregano hinzufügen; 3-5 Minuten kochen lassen oder bis es weich ist. Kräuter und Wasser vermischen. Abdecken und unter gelegentlichem Rühren 3-4 Minuten kochen, bis die Flüssigkeit verdampft und das Gemüse zart ist. Abdecken und bis zum Servieren warm halten.

3. Geben Sie die restlichen 3 Esslöffel Olivenöl zu der Sauce in der Pfanne, in der der Fisch gebraten wurde. Schalotten, 4 Knoblauchzehen und gehackte Paprika hinzufügen. 2-3 Minuten kochen lassen oder bis der Knoblauch anfängt, goldbraun zu werden. Sellerie hinzufügen; 2-3 Minuten kochen, bis die Suppe fest und rosa ist. Zucker und Zitronensaft einrühren. 1-2 Minuten kochen lassen oder bis es gerade weich ist. Petersilie unterrühren.

4. Die Senfsauce auf die Heilbuttfilets verteilen. Mit Gemüse servieren.

MEERESFRÜCHTE-BOUILLABAISSE

ANFANG BIS ENDE: 1¾ STUNDEN: 4 MAHLZEITEN

WIE DER ITALIENISCHE CIOPPINO IST DIES EIN FRANZÖSISCHES FISCHGERICHTFISCH UND SCHALENTIERE IN EINEM TOPF MIT KNOBLAUCH, ZWIEBELN, TOMATEN UND WEIN SCHEINEN EIN BEISPIEL FÜR SONNENFINSTERNIS ZU SEIN. DER BESONDERE GESCHMACK DER BOUILLABAISSE IST JEDOCH DIE GESCHMACKSKOMBINATION AUS SAFRAN, KREUZKÜMMEL UND ORANGENSCHALE.

- 1 Pfund frische oder gefrorene Heilbuttfilets ohne Haut, in 2,5 cm große Stücke geschnitten
- 4 Esslöffel Olivenöl
- 2 Tassen gehackte Zwiebel
- 4 Knoblauchzehen, zerdrückt
- 1 Kopf Schnittlauch, entkernt und gehackt
- 6 Roma-Tomaten, gehackt
- ¾ Tasse Hühnerknochenbrühe (siehe Rezept) oder ungesalzene Hühnersuppe
- ¼ Tasse trockener Weißwein
- 1 Tasse fein gehackte Zwiebel
- 1 Kopf Schnittlauch, entkernt und gehackt
- 6 Knoblauchzehen, gehackt
- 1 Orange
- 3 Roma-Tomaten, gehackt
- 4 Reihen Safran
- 1 Esslöffel gehackter frischer Oregano
- 1 kg Schale, geschält und abgespült
- 1 Pfund Muscheln, Bart entfernt, geschrubbt und gewaschen (siehe Abb Hinweis)
- gehackter frischer Oregano (optional)

1. Gefrorenen Heilbutt auftauen lassen. Den Fisch waschen; mit einem Papiertuch abwischen. Legen Sie den Fisch beiseite.

2. Erhitzen Sie 2 Esslöffel Olivenöl in einem 6 bis 8 Liter fassenden Schmortopf bei mittlerer Hitze. Geben Sie 2 Tassen gehackte Zwiebeln, 1 gehackte Schalotte und 4 Knoblauchzehen in den Topf. 7-9 Minuten kochen lassen oder bis die Zwiebel weich ist, dabei gelegentlich umrühren. 6 gehackte Tomaten und 1 gehackten Schnittlauch hinzufügen; weitere 4 Minuten kochen lassen. Hühnerbrühe und Weißwein in den Topf geben; 5 Minuten kochen lassen; etwas abkühlen lassen. Geben Sie die Kräutermischung in einen Mixer oder eine Küchenmaschine. Abdecken und mixen oder verarbeiten, bis eine glatte Masse entsteht; beiseite legen, ignorieren.

3. Den restlichen 1 Esslöffel Olivenöl im gleichen Schmortopf bei mittlerer Hitze erhitzen. Fügen Sie 1 Tasse gehackte Zwiebel, 1 fein gehackte Schalotte und 6 Knoblauchzehen hinzu. Bei mittlerer Hitze 5-7 Minuten kochen lassen oder häufig umrühren.

4. Wickeln Sie die Orange in breite Streifen mit einem blauen Streifen; beiseite legen, ignorieren. Die pürierte Kräutermischung, 3 gewürfelte Tomaten, Safran, Oregano und Orangenschale in den Schmortopf geben. Koch es; Hitze reduzieren, um zu köcheln. Krabben, Muscheln und Fisch hinzufügen; Den Fisch vorsichtig mit der Soße vermengen. Hitze so einstellen, dass es köchelt. Abdecken und 3–5 Minuten köcheln lassen, bis Druck entsteht und sich die Muscheln öffnen und der Fisch beim Testen mit

einer Gabel zurückspringt. Zum Servieren auf flache Teller verteilen. Nach Belieben mit mehr Oregano bestreuen.

KLASSISCHES GARNELEN-CEVICHE

VORBEREITUNG:20 Minuten Backen: 2 Minuten Abkühlen: 1 Stunde Stehen: 30 Minuten Zubereitung: 3-4 Portionen

DIESER LATEINAMERIKANISCHE GESCHMACK IST ERSTAUNLICHGESCHMACK UND TEXTUR. GURKE UND SELLERIE, CREMIGE AVOCADO, SCHARFE UND WÜRZIGE JALAPEÑOS UND SÜßE GARNELEN, GEMISCHT MIT LIMETTENSAFT UND OLIVENÖL. BEI EINER TRADITIONELLEN GARNELE „KOCHT" DIE SÄURE IM LIMETTENSAFT DIE GARNELE – ABER EIN KURZES EINTAUCHEN IN KOCHENDES WASSER SCHADET WEDER DEM GESCHMACK NOCH DER TEXTUR DER GARNELE.

- 1 Pfund frische oder gefrorene mittelgroße Garnelen, geschält und entdarmt, Schwänze entfernt
- ½ Gurke, geschält, geschält und gewürfelt
- 1 Tasse gehackter Sellerie
- ½ kleine rote Zwiebel
- 1-2 Jalapeños, entkernt und gehackt (siehe AbbHinweis)
- ½ Tasse frischer Limettensaft
- 2 Roma-Tomaten, gewürfelt
- 1 Avocado, halbiert, entkernt, geschält und gewürfelt
- ¼ Tasse gehackter frischer Koriander
- 3 Esslöffel Olivenöl
- Ein Teelöffel schwarzer Pfeffer

1. Wenn die Gurke gefroren ist, muss sie aufgetaut werden. Den Pfannkuchenboden ausrollen; Entfernen Sie den Schwanz. Den Pfannkuchen waschen; mit einem Papiertuch abwischen.

2. Füllen Sie einen großen Topf zur Hälfte mit Wasser. Lass es uns kochen. Garnelen in kochendes Wasser geben. 1-2

Minuten kochen lassen oder bis die Garnelen durchscheinend sind; Kanal. Lassen Sie den Pfannkuchen unter kaltem Wasser laufen und spülen Sie ihn erneut ab. Würfelgarnelen.

3. In einer großen, nicht reaktiven Schüssel Garnelen, Gurke, Sellerie, Zwiebel, Jalapeño und Limettensaft vermischen. Abdecken und 1 Stunde im Kühlschrank lagern, dabei ein- oder zweimal umrühren.

4. Mit Tomaten, Avocado, Koriander, Olivenöl und schwarzem Pfeffer vermengen. Abdecken und 30 Minuten bei Zimmertemperatur stehen lassen. Vor dem Servieren vorsichtig mischen.

KOKOSGARNELEN-SPINAT-SALAT

VORBEREITUNG: 25 Minuten Backen: 8 Minuten Zubereitung: 4 Portionen<u>BILD</u>

FLASCHEN NATIVES OLIVENÖL EXTRA ZU VERKAUFENES KANN GETREIDEALKOHOL, LECITHIN UND KONSERVIERUNGSSTOFFE ENTHALTEN – KEINE GUTE MISCHUNG, WENN SIE VERSUCHEN, SAUBERE, ECHTE LEBENSMITTEL ZU SICH ZU NEHMEN UND GETREIDE, UNGESUNDE FETTE, HÜLSENFRÜCHTE UND MILCHPRODUKTE ZU MEIDEN. EIN DAMPFREINIGER VERWENDET NUR LUFT, UM DAS ÖL IN EINEN FEINEN NEBEL ZU VERWANDELN – PERFEKT, UM DIE KOKOSNUSSSCHALE VOR DEM FRITTIEREN LEICHT ZU BEDECKEN.

1½ Pfund frische oder gefrorene extra große Garnelen in der Schale
Eine Misto-Sprühflasche, gefüllt mit nativem Olivenöl extra
2 Eier
¾ Tasse ungesüßte Flocken oder Kokosraspeln
¾ Tasse Mandelmehl
½ Tasse Avocadoöl oder Olivenöl
3 Esslöffel frischer Zitronensaft
2 Esslöffel frischer Limettensaft
2 kleine Knoblauchzehen, gehackt
⅛-¼ Teelöffel zerstoßener roter Pfeffer
8 Tassen frischer Babyspinat
1 mittelgroße Avocado halbiert, entkernt, geschält und in dünne Scheiben geschnitten
1 orange oder gelbe Paprika, in dünne Scheiben geschnitten
½ Tasse gehackte rote Zwiebel

1. Wenn die Gurke gefroren ist, muss sie aufgetaut werden. Die Garnelen schälen, die Schwänze behalten. Den Pfannkuchen waschen; mit einem Papiertuch abwischen. Den Ofen auf 450 °F vorheizen. Ein großes Backblech mit

Aluminiumfolie auslegen; Bestreichen Sie die Folie leicht mit Öl, das Sie aus der Misto-Flasche beträufeln. beiseite legen, ignorieren.

2. Schlagen Sie die Eier in einer kleinen Schüssel mit einer Gabel auf. In einer anderen flachen Schüssel Kokosnuss und Mandeln vermengen. Den Pfannkuchen in Ei und Teig tauchen. Tauchen Sie die Haut in die Kokosnussmischung (lassen Sie dabei den Schwanz frei). Ordnen Sie die Karotten in einer einzigen Schicht auf dem vorbereiteten Backblech an. Bestreichen Sie die Oberseite des Kuchens mit Öl aus der Misto-Flasche.

3. 8-10 Minuten kochen lassen oder bis die Garnelen durchscheinend sind und eine leichte Beschichtung aufweist.

4. In der Zwischenzeit für das Dressing Avocadoöl, Zitronensaft, Limettensaft, Knoblauch und gehackte rote Paprika in einem kleinen Glas mit Schraubverschluss vermischen. Verschließen und gut schütteln.

5. Für die Salate den Spinat auf vier Teller verteilen. Auf Avocado, Paprika, rote Zwiebeln und Garnelen legen. Mit dem Dressing beträufeln und sofort servieren.

TROPISCHE GARNELEN UND GESCHÄLTES CHILI

VORBEREITUNG:20 Minuten marinieren: 30–60 Minuten: 4–6 Mahlzeiten

KALTES UND LEICHTES CURRY SCHMECKT HERVORRAGENDFÜR EINE HEIßE SOMMERNACHT. MIT EINER MELONE, MANGO, SERRANO-CHILI, SCHNITTLAUCH UND MANGO-LIMETTEN-SALATDRESSING (SIEHEREZEPT), DAS IM VERGLEICH ZUM ORIGINAL SÜß UND WARM IST.

- 1 Pfund frische oder gefrorene Muscheln
- 1 Pfund frische oder gefrorene große Garnelen
- 2 Tassen gehackte Honigmelone
- 2 mittelgroße Mangos, entkernt, geschält und gewürfelt (ca. 2 Tassen)
- 1 Kopf Schnittlauch, geputzt, geviertelt, gefärbt und in dünne Scheiben geschnitten
- 1 mittelgroße rote Paprika, gehackt (ca. ¾ Tasse)
- 1-2 Serrano-Chilis, entkernt und nach Wunsch in dünne Scheiben geschnitten (siehe AbbHinweis)
- ½ Tasse leicht verpackter frischer Koriander, gehackt
- 1 Rezept für Mango-Limetten-Salatdressing (sieheRezept)

1. Tauen Sie gefrorene Muscheln und Garnelen auf. Die Ameisen waagerecht halbieren. Suppe abgießen, in Spalten schneiden und waagerecht halbieren. Waschen Sie die Zange und die Shorts. mit einem Papiertuch abwischen. Füllen Sie einen großen Topf zu drei Vierteln mit Wasser. Lass es uns kochen. Crêpes und Garnelen hinzufügen; 3-4 Minuten kochen lassen oder bis Garnelen und Jakobsmuscheln durchscheinend sind; abspülen und mit kaltem Wasser abspülen, um schnell abzukühlen. Gut abtropfen lassen und beiseite stellen.

2. In einer extra großen Schüssel Melone, Mango, Schnittlauch, Paprika, Serrano-Chili und Koriander vermischen. Mango-Limetten-Salatdressing hinzufügen; Werfen Sie das Tuch vorsichtig hin und her. Die gekochten Garnelen und Jakobsmuscheln vorsichtig unterrühren. Vor dem Servieren 30–60 Minuten im Kühlschrank marinieren.

LUFTFRITTIERTE JAMAIKANISCHE BUTTERGARNELEN

VOM START ZUM ZIEL:20 Minuten Zubereitungszeit: 4 Portionen

INSGESAMT 20 MINUTEN BIS ZUM TISCH.DIESER GESCHMACK IST EIN WEITERER ÜBERZEUGENDER GRUND, SICH AUCH IN DEN HÄRTESTEN NÄCHTEN ZU HAUSE GESUND ZU ERNÄHREN.

1 Pfund frische oder gefrorene mittelgroße Garnelen
1 Tasse gewürfelte geschälte Mango (1 mittelgroß)
⅓ Tasse dünn geschnittene rote Zwiebel, gewürfelt
¼ Tasse gehackter frischer Koriander
1 Esslöffel frischer Limettensaft
2-3 Esslöffel Jamaican Jerk Flavour (sieheRezept)
1 Esslöffel natives Olivenöl extra
2 Esslöffel Avocadoöl

1. Wenn die Gurke gefroren ist, muss sie aufgetaut werden. Mango, Zwiebel, Koriander und Limettensaft in einer mittelgroßen Schüssel vermischen.

2. Den Pfannkuchen einwickeln. Den Pfannkuchen waschen; mit einem Papiertuch abwischen. Den Pfannkuchen in eine mittelgroße Schüssel geben. Mit Jamaican Jerk würzen; werfen, um alle Seiten der Brücke abzudecken.

3. Erhitzen Sie das Olivenöl in einer beschichteten Pfanne bei mittlerer bis hoher Hitze. Crêpes hinzufügen; unter Rühren etwa 4 Minuten kochen lassen oder bis es durchscheinend ist. Den Pfannkuchen mit Avocadoöl beträufeln und mit dem Mango-Topping servieren.

KNUSPRIGE SCAMPI MIT ROHEM SPINAT UND RADICCHIO

VORBEREITUNG: 15 Minuten zum Kochen: 8 Minuten: 3 Portionen

SCAMPI IST EIN KLASSISCHES RESTAURANTGERICHT FRITTIERT ODER FRITTIERT MIT KNOBLAUCH UND ZITRONE. DIESE VERSION MIT NATIVEM OLIVENÖL EXTRA IST PALÄOZUGELASSEN UND ENTHÄLT RADICCHIO UND SPINAT FÜR EINE SCHNELLE ERNÄHRUNG.

- 1 Pfund frische oder gefrorene große Garnelen
- 4 Esslöffel natives Olivenöl extra
- 6 Knoblauchzehen, gehackt
- Ein Teelöffel schwarzer Pfeffer
- ¼ Tasse trockener Weißwein
- ½ Tasse gehackte frische Petersilie
- ½ Kopf Radicchio, entkernt und in dünne Scheiben geschnitten
- ½ Teelöffel zerstoßener roter Pfeffer
- 9 Tassen Babyspinat
- Zitronenscheiben

1. Wenn die Gurke gefroren ist, muss sie aufgetaut werden. Die Garnelen schälen, die Schwänze behalten. 2 Esslöffel Olivenöl in einer großen Pfanne bei mittlerer bis hoher Hitze erhitzen. Fügen Sie die Crêpes, 4 Knoblauchzehen und schwarzen Pfeffer hinzu. Etwa 3 Minuten kochen lassen und umrühren, bis die Wassermelone durchscheinend ist. Die Currymischung auf einen Teller geben.

2. Weißwein in den Topf geben. Den Knoblauch am Boden des Topfes kochen, umrühren und weich werden lassen. Den

Wein über den Salat gießen; zusammen werfen. Petersilie unterrühren. Zum Warmhalten mit Folie abdecken; beiseite legen, ignorieren.

3. Die restlichen 2 Esslöffel Olivenöl, die restlichen 2 Knoblauchzehen, den Radicchio und die zerstoßene rote Paprika in den Topf geben. Bei mittlerer Hitze 3 Minuten unter Rühren kochen, oder bis der Radicchio gerade anfängt zu schmelzen. Den Spinat vorsichtig unterrühren; Weitere 1-2 Minuten kochen lassen oder bis der Spinat zusammengefallen ist.

4. Zum Servieren die Spinatmischung auf drei Teller verteilen; Mit der Kefir-Mischung belegen. Mit Zitronenschnitzen als Prise Salat und Gemüse servieren.

KRABBENSALAT MIT AVOCADO, GRAPEFRUIT UND JICAMA

VOM START ZUM ZIEL: 30-minütige Zubereitung: 4 Portionen

AM BESTEN EIGNEN SICH JUMBO-PARTIKEL- ODER DENSE-FLOSS-KRABBENFÜR DIESEN SALAT. JUMBO-KLUMPEN-KRABBENFLEISCH GIBT ES IN GROßEN STÜCKEN, DIE SICH PERFEKT FÜR SALATE EIGNEN. BACKFIN IST EINE MISCHUNG AUS ZERBROCHENEN KRABBENFLEISCHSTÜCKEN VOM KRABBENKÖRPER UND KLEINEN KRABBENFLEISCHSTÜCKEN VOM KRABBENKÖRPER. OBWOHL KLEINER ALS EINE GROßE KRABBE, FUNKTIONIERT EINE KOMPAKTE FLOSSE SEHR GUT. FRISCH IST NATÜRLICH AM BESTEN, ABER AUFGETAUTE GEFRORENE KRABBEN SIND EINE GUTE WAHL.

6 Tassen Babyspinat

½ mittelgroße Wäsche, geschält und gehackt*

2 rosa oder rubinrote Grapefruits, geschält, entkernt und in Scheiben geschnitten**

2 kleine Avocados halbieren

1 Pfund Klumpen oder feste Flossenkrabbe

Basilikum-Grapefruit-Dressing (siehe Rezept rechts)

1. Den Spinat auf vier Teller verteilen. Waschen, Grapefruitscheiben und angesammelten Saft, Avocado und Krabben. Mit Basilikum-Grapefruit-Dressing beträufeln.

Basilikum-Grapefruit-Dressing: ⅓ Tasse natives Olivenöl extra mit Deckel auf dem Glas mischen; ¼ Tasse frischer Grapefruitsaft; 2 Esslöffel frischer Orangensaft; ½ Schalotte, gehackt; 2 Esslöffel fein gehacktes frisches Basilikum; ¼ Teelöffel zerstoßener roter Pfeffer; und ¼

Teelöffel schwarzer Pfeffer. Verschließen und gut schütteln.

*Tipp: Schneiden Sie den Salat mit einem Julienneschäler schnell in dünne Streifen.

**Tipp: Um eine Grapefruit zu schneiden, schneiden Sie eine Scheibe vom Stiel und der Unterseite der Frucht ab. Stellen Sie es aufrecht auf den Schreibtisch. Schneiden Sie die Frucht von oben nach unten in Scheiben und folgen Sie dabei der kreisförmigen Form der Frucht, um die Schale in Streifen zu trennen. Legen Sie die Frucht auf einen Teller und schneiden Sie mit einem Messer die Mitte der Frucht neben jedem Abschnitt ein, um die Kerne freizusetzen. Legen Sie die Scheiben mit dem aufgefangenen Saft auf einen Teller. Entsorgen Sie den Samen.

POCHIERTER CAJUN-HUMMERSCHWANZ MIT ESTRAGON-AÏOLI

VORBEREITUNG: 20 Minuten zum Kochen: 30 Minuten: 4 Portionen BILD

FÜR EIN ROMANTISCHES ESSEN ZU ZWEIT, DIESES REZEPT LÄSST SICH LEICHT HALBIEREN. VERWENDEN SIE EINE SEHR SCHARFE KÜCHENSCHERE, UM DIE SCHALE VOM HUMMERSCHWANZ ABZUSCHNEIDEN UND AN DAS ZARTE FLEISCH ZU GELANGEN.

- 2 Rezepte für Cajun-Geschmack (siehe Rezept)
- 12 Knoblauchzehen, geschält und halbiert
- 2 Zitronen halbieren
- 2 große Karotten, geschält
- 2 Stangen Sellerie, geschält
- 2 dünn geschnittene Zwiebelknollen
- 1 kg Pilze
- 4 7–8 oz Maine-Hummerschwänze
- 4 x 8 Zoll große Bambusspieße
- ½ Tasse Paleo Aïoli (Knoblauch-Mayonnaise) (siehe Rezept)
- ¼ Tasse Dijon-Senf (siehe Rezept)
- 2 Esslöffel gehackter frischer Estragon oder Petersilie

1. Kombinieren Sie 6 Tassen Wasser, Cajun-Gewürz, Knoblauch und Zitrone in einem 8-Tassen-Topf. Koch es; 5 Minuten kochen lassen. Hitze reduzieren und köcheln lassen.

2. Salat und Sellerie vierteln. Karotten, Sellerie und Schalotten in die Flüssigkeit geben. Abdecken und 10 Minuten kochen lassen. Pilze hinzufügen; abdecken und 5 Minuten

kochen lassen. Das Gemüse auf einen Teller geben; warm halten.

3. Schieben Sie jeden Hummer vom Schwanzende zum Schwanzende zwischen Fleisch und Schale. (Dadurch wird verhindert, dass sich der Schwanz während des Kochens kräuselt.) Reduzieren Sie die Hitze. Pochieren Sie die Hummerschwänze 8 bis 12 Minuten lang in einem Topf mit kaum siedender Flüssigkeit oder bis die Schale leuchtend rot und das Fleisch zart ist, wenn Sie es mit einer Gabel einstechen. Den Hummer aus der Kochflüssigkeit nehmen. Halten Sie den Hummerschwanz mit einem Küchentuch fest, entfernen Sie die Spieße und werfen Sie sie weg.

4. Paleo Aïoli, Dijon-Senf und Estragon in einer kleinen Schüssel vermischen. Mit Hummer und Gemüse servieren.

GEBRATENE MUSCHELN MIT SAFRAN-AÏOLI

ANFANG BIS ENDE: 1¼ STUNDEN ERGIBT: 4 PORTIONEN

DIES IST EINE KLASSISCHE FRANZÖSISCHE VERSION VON PALÄOSERVIERT MIT DÜNNEN UND KNUSPRIGEN POMMES AUS WEIßEN KARTOFFELN UND IN WEIßWEIN UND KRÄUTERN GEKOCHTEN MUSCHELN. ENTSORGEN SIE NICHT VERSIEGELTE BÜROKLAMMERN VOR DEM KOCHEN UND ENTSORGEN SIE BÜROKLAMMERN, DIE SICH NACH DEM KOCHEN NICHT ÖFFNEN LASSEN.

PASTINAKEN-POMMES

- 1½ Pfund Pastinaken, geschält und in 3 x ¼ Zoll große Julienne-Streifen geschnitten
- 3 Esslöffel Olivenöl
- 2 Knoblauchzehen, gehackt
- ¼ Teelöffel schwarzer Pfeffer
- ⅛ Teelöffel Cayennepfeffer

SAFRAN-AÏOLI

- ⅓ Tasse Paleo Aïoli (Knoblauch-Mayonnaise) (sieheRezept)
- ⅛ Teelöffel Safran, fein gemahlen

HÜLSE

- 4 Esslöffel Olivenöl
- ½ Tasse fein gehackte Schalotten
- 6 Knoblauchzehen, gehackt
- ¼ Teelöffel schwarzer Pfeffer
- 3 Tassen trockener Weißwein
- 3 große Petersilie
- 4 kg Muscheln, gereinigt und entdarmt*
- ¼ Tasse gehackte frische italienische (glattblättrige) Petersilie

2 Esslöffel gehackter frischer Estragon (optional)

1. Um Pastinaken zu rösten, heizen Sie den Ofen auf 450 °F vor. Die geschnittenen Pastinaken 30 Minuten lang im Kühlschrank in ausreichend kaltem Wasser einweichen; Abtropfen lassen und mit Papiertüchern trocken tupfen.

2. Einen großen Teller mit Backpapier auslegen. Legen Sie die Pastinaken auf einen extra großen Teller. Mischen Sie in einer kleinen Schüssel 3 Esslöffel Olivenöl, 2 Knoblauchzehen, ¼ Teelöffel schwarzen Pfeffer und Cayennepfeffer; Über die Pastinaken träufeln und vermengen. Die Pastinaken gleichmäßig in der vorbereiteten Form verteilen. 30-35 Minuten backen oder bis sie weich sind, dabei gelegentlich umrühren.

3. Für die Aoli Paleo Aïoli und Safran in einer kleinen Schüssel vermischen. Abdecken und bis zum Servieren im Kühlschrank aufbewahren.

4. In der Zwischenzeit 4-8 Esslöffel Olivenöl in einem 6-8-Liter-Topf oder einem Schmortopf bei mittlerer Hitze erhitzen. Semmelbrösel, 6 Knoblauchzehen und ¼ Teelöffel schwarzen Pfeffer hinzufügen; Unter häufigem Rühren etwa 2 Minuten lang kochen, bis es weich und locker ist.

5. Wein und Petersilie in den Topf geben; Koch es. Die Muscheln hinzufügen und ein paar Mal umrühren. Gut abdecken und 3-5 Minuten kochen lassen oder bis sich die Kruste öffnet, dabei zweimal leicht umrühren. Entsorgen Sie ungeöffnete Schalen.

6. Geben Sie die Toppings mit einer großen Schöpfkelle in die vorbereiteten Suppentassen. Petersilie aus der Kochflüssigkeit nehmen und wegwerfen; Gießen Sie etwas Kochflüssigkeit über die Sandwiches. Nach Belieben mit gehackter Petersilie und Estragon bestreuen. Sofort mit gerösteten Pastinaken und Safran-Aïoli servieren.

*Tipp: Gekaufte Garnelen kochen. Wenn Sie eine Schraubzange verwenden, legen Sie diese 20 Minuten lang in eine Schüssel mit kaltem Wasser, um den Sand abzuspülen. (Dies ist bei Garnelen aus Zuchtbetrieben nicht erforderlich.) Schrubben Sie die Garnelen einmal mit einer harten Bürste unter fließendem kaltem Wasser. Vor dem Garen 10–15 Minuten backen. Ein Bart ist eine kleine Gruppe von Fasern, die aus der Rinde herausragen. Um den Bart zu entfernen, halten Sie ihn zwischen Daumen und Zeigefinger und ziehen Sie ihn an der Handschlaufe. (Diese Methode tötet den Pilz nicht ab.) Sie können es auch zum Angeln oder Fischen verwenden. Stellen Sie sicher, dass die Kappen jeder Klemme fest verschlossen sind. Wenn eine Schale offen ist, klopfen Sie vorsichtig auf die Tablette. Entsorgen Sie alle Krusten, die sich nicht innerhalb weniger Minuten schließen.

FRITTIERTE KRUSTEN MIT GURKENGESCHMACK

VOM START ZUM ZIEL: 30-minütige Zubereitung: 4 Portionen BILD

FÜR EINE GOLDENE KRUSTE VON OVA, STELLEN SIE SICHER, DASS DIE OBERSEITE DER AMEISE WIRKLICH TROCKEN IST UND DIE PFANNE SCHÖN HEIß IST. LASSEN SIE DIE AMEISEN SIE ZWEI BIS DREI MINUTEN LANG UNGESTÖRT ERKUNDEN UND PRÜFEN SIE SIE SORGFÄLTIG, BEVOR SIE SIE UMDREHEN.

- 1 Pfund frische oder gefrorene Muscheln, mit Papiertüchern trockentupfen
- 3 mittelgroße Rüben, geschält und geschnitten
- ½ Old Smith Apfel, geschält und gewürfelt
- 2 Jalapeños (entkernt, entkernt und gehackt) Hinweis)
- ¼ Tasse gehackter frischer Koriander
- 2 Esslöffel gehackte rote Zwiebel
- 4 Esslöffel Olivenöl
- 2 Esslöffel frischer Limettensaft
- Weißer Pfeffer

1. Tauen Sie die Schalen auf, falls sie gefroren sind.

2. Um die Rüben schmackhaft zu machen, vermischen Sie Rüben, Apfel, Jalapeño, Koriander, Zwiebeln, 2 Esslöffel Olivenöl und Limettensaft in einer mittelgroßen Schüssel. Gut mischen. Legen Sie die Ameisen beiseite, während Sie sie zubereiten.

3. Waschen Sie die Schüssel; mit einem Papiertuch abwischen. Die restlichen 2 Esslöffel Olivenöl in einer großen Pfanne bei mittlerer bis hoher Hitze erhitzen. Fügen Sie eine Prise hinzu; 4–6 Minuten braten, bis der Kern goldbraun ist und

sich kaum noch öffnet. Bestreuen Sie die Ameisen leicht mit weißem Pfeffer.

4. Zum Servieren die Currypaste gleichmäßig auf die Teller verteilen; Mit Muscheln belegen. Sofort servieren.

GEBACKENE KRUSTEN MIT ZWIEBEL-PAPRIKA-SALSA

VORBEREITUNG:35 Minuten Kühlen: 1–24 Stunden Grillen: 9 Minuten: 4 Portionen

HIER IST EIN TIPP FÜR DIE ZUBEREITUNG DER PERFEKTEN AVOCADO:KAUFEN SIE SIE, WENN SIE HELLGRÜN UND FEST SIND, UND LASSEN SIE SIE EIN PAAR TAGE AUF DER ARBEITSPLATTE STEHEN – BIS SIE DURCH LEICHTEN DRUCK MIT DEN FINGERN GERADE NOCH REIF SIND. WENN ES FEST UND UNGEKOCHT IST, WIRD ES NICHT ZERDRÜCKT, WENN ES VOM MARKT GEBRACHT WIRD.

- 12 oder 16 frische oder gefrorene Muscheln (insgesamt 1¼ 1¾ Pfund)
- ¼ Tasse Olivenöl
- 4 Knoblauchzehen, gehackt
- 1 Teelöffel frisch gemahlener schwarzer Pfeffer
- 2 mittelgroße Karten, der Länge nach in zwei Hälften geschnitten
- ½ mittelgroße Gurke, der Länge nach halbiert und in dünne Scheiben geschnitten
- 1 mittelgroße Avocado, halbiert, entkernt, geschält und gewürfelt
- 1 mittelgroße Tomate, geschält, entkernt und gehackt
- 2 Teelöffel gehackte frische Semmelbrösel
- 1 Teelöffel gehackte frische Zwiebel

1. Tauen Sie die Schalen auf, falls sie gefroren sind. Waschen Sie die Muscheln in kaltem Wasser. mit einem Papiertuch abwischen. In einer großen Schüssel 3 Esslöffel Öl, Knoblauch und 1 Teelöffel Pfeffer vermischen. Fügen Sie eine Prise hinzu; Werfen Sie das Tuch vorsichtig hin und her. Abdecken und mindestens 1 Stunde oder bis zu 24 Stunden im Kühlschrank lagern.

2. Die Hälfte des Zaki mit dem restlichen 1 Esslöffel Öl bestreichen; Den restlichen ¼ Teelöffel gleichmäßig über den Pfeffer streuen.

3. Die Ameisen abtropfen lassen und die Marinade wegwerfen. Verwenden Sie 3 oder 4 Schalen pro Schale und stecken Sie zwei Spieße 25 bis 30 cm durch jede Schale, wobei Sie zwischen den Schalen einen Abstand von ½ Zoll lassen. *umdrehen.)

4. Bei einem Holzkohlegrill oder Gasgrill die Spieße grillen und direkt auf dem Grill grillen. **Garen, bis die Ameisen durchscheinend und das Essen zart sind, dabei den Grill nach der Hälfte der Zeit drehen. Warten Sie 6–8 Minuten für Ameisen und 9–11 Minuten für Futter.

5. In der Zwischenzeit für die Salsa Gurke, Avocado, Tomaten, Semmelbrösel und Dill in einer mittelgroßen Schüssel vermengen. Vorsichtig mischen, um alles zu vermischen. Je 1 Kruste auf die vier Teller legen. Schneiden Sie die Zaki-Hälften diagonal und quer durch und geben Sie sie mit einer Zange auf die Teller. Gießen Sie die Gurkenmischung gleichmäßig über die Zwiebelsandwiches.

*Tipp: Wenn Sie einen Spieß verwenden, legen Sie ihn vor der Verwendung 30 Minuten lang in so viel Wasser ein, dass er bedeckt ist.

** Kochen: Bereiten Sie es wie in Schritt 3 beschrieben vor. Werfen Sie die Ameisen und das Gemüse auf einen unbeheizten Grill. 4-5 cm von der Hitze entfernt kochen, bis die Ameisen durchsichtig und der Quark weich sind.

Warten Sie 6–8 Minuten für die Ameisen und 10–12 Minuten für die Mahlzeit.

IN TOMATEN-, OLIVENÖL- UND KRÄUTERSAUCE GEKOCHTE MUSCHELN

VORBEREITUNG:20 Minuten zum Kochen: 4 Minuten: 4 Portionen

DAS DRESSING ÄHNELT EINER WARMEN VINAIGRETTE.DAS OLIVENÖL, DIE GEWÜRFELTEN FRISCHEN TOMATEN, DEN ZITRONENSAFT UND DIE KRÄUTER EINRÜHREN UND GANZ SANFT ERHITZEN – GERADE GENUG, UM DIE AROMEN ZU VERSCHMELZEN – UND DANN MIT EINEM KRABBEN- UND SONNENBLUMENKERNSALAT SERVIEREN.

AMEISEN UND SOßEN
- 1 bis 1,5 Pfund große frische oder gefrorene Muscheln (ca. 12)
- 2 große Roma-Tomaten, geschält, *geschält und gehackt
- ½ Tasse Olivenöl
- 2 Esslöffel frischer Zitronensaft
- 2 Esslöffel gehacktes frisches Basilikum
- 1-2 Teelöffel fein gehacktes Grün
- 1 Esslöffel Olivenöl

SALAT
- 4 Tassen Sonnenblumenkerne
- 1 Zitrone in Scheiben schneiden
- Natives Olivenöl extra

1. Tauen Sie die Schalen auf, falls sie gefroren sind. Waschen Sie die Schüssel; trockne es. Man legt es beiseite, man ignoriert es.

2. Für die Soße Tomaten, ½ Tasse Olivenöl, Zitronensaft, Basilikum und Schnittlauch vermischen; beiseite legen, ignorieren.

3. 1 Esslöffel Olivenöl in einer großen Pfanne bei mittlerer bis hoher Hitze erhitzen. Fügen Sie eine Prise hinzu; 4-5 Minuten kochen lassen oder bis es hell und durchscheinend ist.

4. Die Kräuter auf einen Salatteller legen. Die Zitronenringe über die Stiele drücken und mit etwas Olivenöl beträufeln. Wirf es weg.

5. Die Soße bei schwacher Hitze erhitzen, bis sie durchgewärmt ist. Kochen. Zum Servieren etwas Soße in die Mitte des Tellers löffeln; Top mit 3 Muscheln. Mit Gemüsesalat servieren.

*Tipp: Um Tomaten leichter zu schälen, blanchieren Sie die Tomaten 30 Sekunden bis 1 Minute lang in kochendem Wasser oder bis sich die Schale zu spalten beginnt. Nehmen Sie die Tomaten aus dem kochenden Wasser und tauchen Sie sie sofort in eine Schüssel mit Eiswasser, um den Kochvorgang zu stoppen. Wenn die Tomaten kühl genug sind, schälen Sie sie.

GEBRATEN MIT KOHL, SCHALOTTEN UND PERLZWIEBELN

VORBEREITUNG: 15 Minuten zum Kochen: 25 Minuten: 4 Portionen **BILD**

ES HAT ETWAS BESONDERS REIZVOLLES GEHT UM DIE KOMBINATION AUS GERÖSTETEM KOHL UND DEM GERÖSTETEN, ERDIGEN GESCHMACK VON KREUZKÜMMEL. DIESES GERICHT ERHÄLT DURCH DIE GETROCKNETEN JOHANNISBEEREN EINEN BESONDERS SÜßEN FAKTOR. WENN SIE MÖCHTEN, KÖNNEN SIE IN SCHRITT 2 ETWAS HITZE MIT ¼ TEELÖFFEL ZERKLEINERTER ROTER PAPRIKA, KREUZKÜMMEL UND JOHANNISBEEREN HINZUFÜGEN.

3 Esslöffel unraffiniertes Kokosöl
1 mittelgroßer Kohl, in Röschen geschnitten (4–5 Tassen)
2 Frühlingszwiebelköpfe, grob gehackt
1½ Tassen gefrorene Perlzwiebeln, aufgetaut und abgetropft
¼ Tasse getrocknete Johannisbeeren
2 Teelöffel gemahlener Kreuzkümmel
Geschnittene frische Zwiebeln (optional)

1. Das Kokosöl in einem extra großen Topf bei mittlerer Hitze erhitzen. Kohl, Schalotten und Perlzwiebeln hinzufügen. 15 Minuten kochen lassen, dabei gelegentlich umrühren.

2. Reduzieren Sie die Hitze auf mittlere Stufe. Johannisbeeren und Kreuzkümmel in den Topf geben; Etwa 10 Minuten kochen lassen oder bis der Kohl und die Schalotten weich und goldbraun sind. Nach Belieben mit Zwiebeln garnieren.

DICKE TOMATENSOßE MIT SPAGHETTIKÜRBIS

VORBEREITUNG:30 Minuten Backen: 50 Minuten Abkühlen: 10 Minuten Backen: 10 Minuten Zubereitung: 4 Portionen

DIESER ENTSAFTER IST LEICHT ZU WASCHENALS HAUPTGERICHT. NACHDEM SIE DIE KARTOFFELN MIT EINEM KARTOFFELSTAMPFER LEICHT GEWASCHEN HABEN, FÜGEN SIE ETWA 1 PFUND GEKOCHTES RINDFLEISCH ODER BISONFLEISCH ZUR AUBERGINEN-TOMATEN-MISCHUNG HINZU.

1 2-2,5 Kilo Spaghettikürbis
2 Esslöffel Olivenöl
1 Tasse gehackte, geschälte Aubergine
¾ Tasse gehackte Zwiebel
1 kleine rote Paprika, gehackt (½ Tasse)
4 Knoblauchzehen, gehackt
4 mittelreife rote Tomaten, gehäutet und grob gehackt (ca. 2 Tassen)
½ Tasse zerrissenes frisches Basilikum

1. Den Ofen auf 375 °F vorheizen. Einen kleinen Teller mit Backpapier auslegen. Den Spaghettikürbis halbieren. Entfernen Sie mit einem großen Löffel alle Kerne und das Fruchtfleisch. Die Hälfte der ausgeschnittenen Form auf das vorbereitete Backblech legen. 50-60 Minuten backen oder bis der Kürbis weich ist. Auf einem Kuchengitter etwa 10 Minuten abkühlen lassen.

2. In der Zwischenzeit das Olivenöl in einer großen Pfanne bei mittlerer Hitze erhitzen. Zwiebel, Baklava und Pfeffer hinzufügen; 5-7 Minuten kochen lassen oder bis das Gemüse weich ist, dabei gelegentlich umrühren.

Knoblauch hinzufügen; kochen und weitere 30 Sekunden rühren. Tomaten hinzufügen; 3–5 Minuten kochen lassen oder bis die Tomaten weich sind, dabei gelegentlich umrühren. Reiben Sie die Mischung leicht mit einem Kartoffelstampfer ein. Die Hälfte des Basilikums unterrühren. Abdecken und 2 Minuten kochen lassen.

3. Halten Sie die Melone mit einer Schüssel oder einem Handtuch fest. Kratzen Sie das Kürbismark mit einer Gabel in eine mittelgroße Schüssel. Die Melone auf vier Teller verteilen. Das Gleiche gilt für Soße. Mit restlichem Basilikum bestreuen.

GEFÜLLTE PORTOBELLO PILZE

VORBEREITUNG:35 Minuten Backen: 20 Minuten Kochen: 7 Minuten Zubereitung: 4 Portionen

FÜR DIE FRISCHESTEN PORTOBELLOS,SUCHEN SIE NACH PILZEN, DEREN STIEL NOCH INTAKT IST. DIE ZÄHNE SOLLTEN FEUCHT, ABER NICHT NASS ODER SCHWARZ SEIN UND GUT GESPALTEN SEIN. UM DIE PILZE ZUZUBEREITEN, TROCKNEN SIE SIE MIT EINEM LEICHT FEUCHTEN PAPIERTUCH AB. LASSEN SIE DEN PILZ NIEMALS UNTER WASSER LAUFEN ODER EINWEICHEN – ER WIRD SEHR SAUGFÄHIG, WEICH UND WÄSSRIG.

- 4 große Portobello-Pilze (insgesamt 1 Pfund)
- ¼ Tasse Olivenöl
- 1 Esslöffel gemahlene Gewürze (siehe Rezept)
- 2 Esslöffel Olivenöl
- ½ Tasse gehackte Frühlingszwiebeln
- 1 Esslöffel gehackter Knoblauch
- 1 Pfund Mangold, entstielt und gehackt (ca. 10 Tassen)
- 2 Portionen mediterrane Gewürze (siehe Rezept)
- ½ Tasse gehackter Rettich

1. Ofen auf 400 °F vorheizen. Stiele von den Pilzen entfernen und für Schritt 2 aufbewahren. Stoppen Sie die Medikamente. Legen Sie die Pilzkappen in eine rechteckige 3-Liter-Auflaufform. Beide Seiten der Pilze mit ¼ Tasse Olivenöl bestreichen. Drehen Sie den Pilzkappenstiel mit der Seite nach oben; Mit gehackten Kräutern bestreuen. Decken Sie die Form mit Aluminiumfolie ab. Etwa 20 Minuten backen oder bis sie weich sind.

2. In der Zwischenzeit die Stiele der reservierten Pilze in kleine Stücke schneiden; beiseite legen, ignorieren. Für den Mangold die dicken Streifen von den Blättern entfernen und wegwerfen. Die Kartoffelblätter grob hacken.

3. 2 Esslöffel Olivenöl in einer extragroßen Pfanne bei mittlerer Hitze erhitzen. Samen und Knoblauch hinzufügen; 30 Sekunden kochen lassen und umrühren. Fein gehackte Pilzstiele, gehackten Mangold und mediterrane Gewürze hinzufügen. Unter gelegentlichem Rühren 6–8 Minuten kochen lassen oder bis die Holzkohle weich ist.

4. Die Kartoffelmischung auf die Pilzköpfe verteilen. Die restliche Flüssigkeit aus der Pfanne über die gefüllten Champignons streichen. Mit geschnittenen Radieschen belegen.

GEKOCHTER RADICCHIO

VORBEREITUNG: 20 Minuten zum Kochen: 15 Minuten: 4 Portionen

RADICCHIO WIRD OFT GEGESSENALS TEIL EINES SALATS, UM EINER GEMÜSEMISCHUNG EINE WÜRZIGE NOTE ZU VERLEIHEN – KANN ABER AUCH PUR GEBACKEN ODER GEGRILLT WERDEN. RADICCHIO HAT EINE LEICHTE SCHÄRFE, DIE ABER NICHT ZU STARK WIRKEN SOLL. SUCHEN SIE NACH KLEINEN KÖPFEN MIT GRÜNEN BLÄTTERN, DIE FRISCH UND ZART SIND. DIE SCHNITTSPITZE DARF LEICHT BRAUN SEIN, SOLLTE ABER ÜBERWIEGEND WEIß SEIN. EIN SCHUSS BALSAMICO-ESSIG VERLEIHT DIESEM REZEPT VOR DEM SERVIEREN SÜßE.

2 große Radicchioköpfe

¼ Tasse Olivenöl

1 Esslöffel mediterrane Gewürze (siehe Rezept)

¼ Tasse Balsamico-Essig

1. Ofen auf 400 °F vorheizen. Den Radicchio vierteln und einige Kerne übrig lassen (sollten 8 Stück sein). Die Schnittseite der Radicchioscheiben mit Olivenöl bestreichen. Legen Sie die geschnittenen Schalen auf ein Backblech. Mit mediterranem Aroma bestreuen.

2. Ca. 10 Min. kochen lassen. 15 Minuten backen oder bis der Radicchio gar ist, dabei nach der Hälfte der Garzeit wenden. Den Radicchio auf einem Teller anrichten. Mit Balsamico-Essig beträufeln; sofort servieren.

GEGRILLTES STEAK MIT ORANGENVINAIGRETTE

VORBEREITUNG: 25 Minuten Backen: 25 Minuten Zubereitung: 4 Portionen

ZUM BESTREUEN MIT DER RESTLICHEN VINAIGRETTE AUFBEWAHRENSERVIERT MIT SALAT – ODER GEGRILLTEM SCHWEINEFLEISCH, GEFLÜGEL ODER FISCH. BEWAHREN SIE ÜBRIG GEBLIEBENE VINAIGRETTE IN EINEM DICHT VERSCHLOSSENEN BEHÄLTER BIS ZU 3 TAGE IM KÜHLSCHRANK AUF.

- 6 Esslöffel natives Olivenöl extra, plus etwas mehr zum Bestreichen
- 1 große Frühlingszwiebel, geputzt, entkernt und in Scheiben geschnitten (bei Bedarf Blätter zum Garnieren aufbewahren)
- 1 rote Zwiebel, in Ringe geschnitten
- ½ Orange, in dünne Scheiben geschnitten
- ½ Tasse Orangensaft
- 2 Esslöffel Weißweinessig oder Champagneressig
- 2 Esslöffel Apfelsaft
- 1 Esslöffel Kreuzkümmelsamen
- 1 Teelöffel fein geriebene Orangenschale
- ½ TL Dijon-Senf (sieheRezept)
- Schwarzer Pfeffer

1. Den Ofen auf 200 °C (425 °F) vorheizen. Ein großes Backblech leicht mit Olivenöl einfetten. Schalotten-, Zwiebel- und Orangenscheiben auf dem Backblech anordnen; Mit 2 EL Olivenöl beträufeln. Vorsichtig umrühren, um das Gemüse mit Öl zu überziehen.

2. Das Gemüse 25–30 Minuten rösten oder bis das Gemüse zart und hellgolden ist, dabei nach der Hälfte der Zeit wenden.

3. In der Zwischenzeit für die Orangenvinaigrette Orangensaft, Essig, Apfelwein, Kreuzkümmel, Orangenschale, Dijon-Senf und Pfeffer nach Belieben in einem Mixer vermischen. Geben Sie bei laufendem Mixer die restlichen 4 Esslöffel Olivenöl in einem dünnen Strahl hinzu. Weiter schlagen, bis die Vinaigrette eindickt.

4. Das Gemüse auf einen Teller geben. Die Vinaigrette über das Gemüse träufeln. Nach Belieben mit übrig gebliebenem Schnittlauch garnieren.

WIRSING NACH PUNJABI-ART

VORBEREITUNG: 20 Minuten zum Kochen: 25 Minuten: 4 Portionen<u>BILD</u>

ICH FRAGE MICH, WAS PASSIERTES WIRD MIT INGWER, KNOBLAUCH, CHILI UND INDISCHEN GEWÜRZEN ZU EINEM MILDEN, BESCHEIDENEN KOHL GEKOCHT. GERÖSTETE SENFKÖRNER, KORIANDER UND KREUZKÜMMEL VERLEIHEN DIESEM GERICHT GESCHMACK. ACHTUNG: ES IST HEIß! DAS VOGELSCHNABEL-CHILI IST KLEIN, ABER SEHR KRÄFTIG – ICH HABE AUCH JALAPEÑOS DARIN. WENN SIE WENIGER HITZE WÜNSCHEN, VERWENDEN SIE JALAPENO.

- 1 2 Zoll frischer Ingwer, geschält und in ½ Zoll große Scheiben geschnitten
- 5 Knoblauchzehen
- 1 großer Jalapeño-Stiel, entkernt und halbiert (siehe Abb<u>Hinweis</u>)
- 2 Teelöffel ungesalzenes schwarzes Masala
- 1 Teelöffel Kurkuma
- ½ Tasse Hühnerknochenbrühe (siehe<u>Rezept</u>) oder ungesalzene Hühnersuppe
- 3 Esslöffel raffiniertes Kokosöl
- 1 Esslöffel schwarze Senfkörner
- 1 Esslöffel Koriandersamen
- 1 Esslöffel
- 1 Vogelschnabel-Chili (Chile de Arbol) (vgl<u>Hinweis</u>)
- 1 3-Zoll-Zimtstange
- 2 Tassen dünn geschnittene gelbe Zwiebel (ca. 2 mittelgroße)
- 12 Tassen dünn geschnittenes Gemüse (ca. 1½ Pfund)
- ½ Tasse gehackter frischer Koriander (optional)

1. Ingwer, Knoblauch, Jalapeño, Garam Masala, Kurkuma und ¼ Tasse Hühnerknochenbrühe in einer Küchenmaschine oder einem Mixer vermischen. Abdecken und verarbeiten oder mixen, bis eine glatte Masse entsteht; beiseite legen, ignorieren.

2. Kokosöl, Senfkörner, Koriandersamen, Kreuzkümmel, Chilis und Zimtstange in einem extra großen Topf vermischen. Bei mittlerer bis hoher Hitze unter häufigem Rühren 2-3 Minuten kochen lassen oder bis die Zimtstange platzt. (Vorsicht – Senfkörner platzen beim Kochen.) Zwiebel hinzufügen; 5-6 Minuten kochen lassen oder bis die Zwiebel weich ist. Fügen Sie die Kettenmischung hinzu. Unter häufigem Rühren 6–8 Minuten kochen lassen oder bis die Mischung gut karamellisiert ist.

3. Restlichen Kohl und Hühnerbrühe hinzufügen; gut mischen. Zweimal umrühren und etwa 15 Minuten kochen lassen oder bis der Kohl weich ist. Finde die Tafel. 6-7 Minuten kochen lassen, oder bis der Kohl leicht gebräunt und die Hühnerknochen verkocht sind.

4. Entfernen Sie die Zimtstange und das Chili und werfen Sie sie weg. Nach Belieben mit Koriander bestreuen.

MIT ZIMT GEBACKENE ZWIEBELN

VORBEREITUNG: 20 Minuten zum Kochen: 30 Minuten: 4-6 Portionen

EINE PRISE CAYENNEPFEFFERES VERLEIHT DIESEN SÜßEN GEBACKENEN KÜRBISSUPPEN ETWAS SCHÄRFE. ES IST LEICHT ZU BESTEHEN, WENN SIE MÖCHTEN. SERVIEREN SIE DIESE EINFACHE BEILAGE ZU SCHWEINEBRATEN ODER SCHWEINEFLEISCH.

1 Laib Brot (ca. 2 Pfund), mit Kruste versehen, entkernt und in 2,5 cm große Würfel geschnitten

2 Esslöffel Olivenöl

½ Teelöffel gemahlener Zimt

¼ Teelöffel schwarzer Pfeffer

⅛ Teelöffel Cayennepfeffer

1. Ofen auf 400 °F vorheizen. In einer großen Schüssel Olivenöl, Zimt, schwarzen Pfeffer und Cayennepfeffer vermischen. Ein großes Backblech mit Backpapier auslegen. In einer einzigen Schicht auf einem Backblech verteilen.

2. Ein- oder zweimal umrühren und 30–35 Minuten backen, oder bis der Kürbis zart und an den Rändern gebräunt ist.

GEBACKENER SPARGEL MIT POCHIERTEN EIERN UND PEKANNÜSSEN

VOM START ZUM ZIEL: 15 Minuten: 4 Mahlzeiten

DIES IST EINE KLASSISCHE AUFNAHMEEIN FRANZÖSISCHER GEMÜSEGESCHMACK NAMENS ASPAZIMOSA. DIE GRÜNEN, WEIßEN UND GELBEN FARBEN DES FERTIGEN GERICHTS ÄHNELN DER GLEICHNAMIGEN BLUME.

1 Pfund frischer Spargel, geputzt
5 Esslöffel geröstete Knoblauchvinaigrette (siehe Rezept)
1 hartgekochtes Ei, geschält
3 Esslöffel gehackte, geröstete Pekannüsse (siehe Hinweis)
Der neue Standort ist Black Pepper

1. Platzieren Sie den Ofendeckel 10 cm vom Heizelement entfernt. Erhitzen Sie den Grill auf höchste Stufe.

2. Die Spargelstangen auf einem Backblech verteilen. Mit 2 Esslöffeln gerösteter Knoblauchvinaigrette beträufeln. Den Spargel mit den Händen umrühren und mit der Vinaigrette bestreichen. 3-5 Minuten kochen lassen oder bis die Pilze weich sind, dabei die Pfanne jede Minute wenden. Auf Disc übertragen.

3. Teilen Sie das Ei in zwei Teile; Schieben Sie das Ei durch das Sieb in den Spargel. (Sie können das Ei auch durch die großen Löcher in der Reibe drücken.) Spargel und Ei mit den restlichen 3 Esslöffeln gerösteter Knoblauchvinaigrette vermischen. Die Oberseite mit Pekannüssen bestreuen und mit Pfeffer bestreuen.

RETTICH-, MANGO- UND PANIERTER KOHLSALAT

VOM START ZUM ZIEL: 20 Minuten Zubereitungszeit: 6 Portionen BILD

3 Esslöffel frischer Zitronensaft
¼ Teelöffel Cayennepfeffer
¼ Esslöffel
¼ Tasse Olivenöl
4 Tassen geriebener Kohl
1½ Tassen fein gehackte Radieschen
1 Tasse gehackte Mango
½ Tasse gehackte Frühlingszwiebeln
⅓ Tasse geschnittenes frisches Brot

1. Für das Dressing Zitronensaft, Cayennepfeffer und gemahlenen Kreuzkümmel in einer großen Schüssel vermischen. Das Olivenöl in einem dünnen Strahl schaumig rühren.

2. Kohl, Radieschen, Mango, Zwiebel und Semmelbrösel in eine Schüssel geben. Zum Kombinieren gut vermischen.

GERÖSTETER KOHL MIT SESAM UND ZITRONE

VORBEREITUNG: 10 Minuten zum Kochen: 30 Minuten: 4-6 Portionen

3 Esslöffel Olivenöl

1 mittelgroßer Kohl, in 1 Zoll dicke Scheiben geschnitten

2 Teelöffel Dijon-Senf (sieheRezept)

1 Teelöffel fein abgeriebene Zitronenschale

¼ Teelöffel schwarzer Pfeffer

1 Esslöffel

Zitronenscheiben

1. Ofen auf 400 °F vorheizen. Ein großes Backblech mit 1 Esslöffel Olivenöl einfetten. Kohlringe auf dem Backblech anordnen; beiseite legen, ignorieren.

2. In einer kleinen Schüssel die restlichen 2 Esslöffel Olivenöl, Dijon-Senf und Zitronenschale vermischen. Lassen Sie die Kohlringe auf einem Backblech abtropfen und achten Sie darauf, dass Senf und Zitronenschale gleichmäßig verteilt sind. Mit Pfeffer und Kreuzkümmel bestreuen.

3. 30–35 Minuten backen oder bis der Kohl zart und goldbraun ist. Mit Zitronenspalten servieren und über den Kohl drücken.

GERÖSTETER KOHL MIT ORANGEN-BALSAMICO-DRESSING

VORBEREITUNG: 15 Minuten zum Kochen: 30 Minuten: 4 Portionen

3 Esslöffel Olivenöl
1 kleiner Kohl, geschält und in 8 Scheiben geschnitten
Ein Teelöffel schwarzer Pfeffer
⅓ Tasse Balsamico-Essig
2 Teelöffel fein geriebene Orangenschale

1. Den Ofen auf 450 °F vorheizen. Ein großes Backblech mit 1 Esslöffel Olivenöl einfetten. Die Kohlscheiben auf einem Backblech anordnen. Den Kohl mit den restlichen 2 EL Olivenöl beträufeln und mit Pfeffer bestreuen.

2. Den Kohl 15 Minuten kochen. Kohlscheiben wenden; Weitere 15 Minuten backen, oder bis der Kohl zart und an den Rändern goldbraun ist.

3. Balsamico-Essig und Orangenschale in einem kleinen Topf vermischen. Bei mittlerer Hitze zum Kochen bringen; Herabstufung Etwa 4 Minuten köcheln lassen oder bis die Menge auf die Hälfte reduziert ist. Über die gekochten Kohlscheiben träufeln; sofort servieren.

GEDÄMPFTER KOHL MIT CREMIGER CHILISAUCE UND GERÖSTETEN WALNÜSSEN

VORBEREITUNG: 20 Minuten zum Kochen: 40 Minuten: 6 Portionen

3 Esslöffel Olivenöl
1 klein, in dünne Scheiben geschnitten
1 Stück Kopf, geteilt in 6 Teile
Ein Teelöffel schwarzer Pfeffer
1 Tasse Hühnerknochenbrühe (siehe Rezept) oder ungesalzene Hühnersuppe
¾ Tasse Kakaocreme (siehe Rezept)
4 Teelöffel fein abgeriebene Zitronenschale
4 Teelöffel gehackte frische Zwiebeln
1 Esslöffel fein gehackter Schnittlauch
¼ Tasse gehackte Walnüsse, geröstet (siehe Hinweis)

1. Erhitzen Sie das Olivenöl in einer extra großen Pfanne bei mittlerer bis hoher Hitze. Zwiebel hinzufügen; 2-3 Minuten kochen lassen oder bis es weich und hellbraun ist. Die Kohlscheiben in den Topf geben. Nach der Hälfte der Zeit einmal wenden und 10 Minuten lang garen, bis es auf beiden Seiten leicht gebräunt ist. Mit Pfeffer bestreuen.

2. Geben Sie die Hühnerbrühe in den Topf. Koch es; reduziert Fieber. Abdecken und 25–30 Minuten köcheln lassen, bis der Kohl weich ist.

3. In der Zwischenzeit für die cremige Zwiebelsauce in einer kleinen Schüssel Kaffeesahne, Zitronenschale, Zwiebel und Zwiebeln verrühren.

4. Zum Servieren die Kohlscheiben auf Servierteller verteilen; Mit Pfannensaft vermischen. Mit Frühlingszwiebelsoße bestreichen und mit gerösteten Walnüssen bestreuen.

GEDÄMPFTER GRÜNKOHL MIT GERÖSTETEN SESAMKÖRNERN

VORBEREITUNG: 20 Minuten zum Kochen: 19 Minuten: 4 Portionen

2 Esslöffel Kreuzkümmelsamen
2 Esslöffel raffiniertes Kokosöl
1 mittelgroße rote Zwiebel, in dünne Scheiben geschnitten
1 mittelgroße Tomate, gehackt
1 Esslöffel gehackter frischer Ingwer
3 Knoblauchzehen, gehackt
¼ Teelöffel zerstoßener roter Pfeffer
½ 3-3½ kg Kopf, entkernt und in Scheiben geschnitten

1. Rösten Sie die Kreuzkümmelsamen in einer sehr großen, trockenen Pfanne bei mittlerer Hitze 3-4 Minuten lang oder bis sie goldbraun sind, und rühren Sie dabei fast ständig um. Die Samen auf einen kleinen Teller geben und vollständig abkühlen lassen. Geben Sie die Samen in eine saubere Mühle oder Kaffeemühle. hart getroffen. Legen Sie die Koriandersamen beiseite.

2. In der Zwischenzeit das Kokosöl in derselben großen Pfanne bei mittlerer bis hoher Hitze erhitzen. Zwiebel hinzufügen; etwa 2 Minuten kochen lassen oder bis es weich ist. Mit Tomaten, Ingwer, Knoblauch und gehackter roter Paprika vermengen. Kochen und weitere 2 Minuten rühren.

3. Den geschnittenen Kohl zur Tomatenmischung im Topf hinzufügen. Zum Kombinieren vermengen. 12 bis 14 Minuten kochen lassen oder bis der Kohl weich ist, dabei gelegentlich umrühren. Fügen Sie die Sesamkörner hinzu; gut mischen. Sofort servieren.

GERÄUCHERTES BABY MIT APFEL-SENF-SAUCE

TRINKEN1 Stunde Warten: 15 Minuten Räuchern: 4 Stunden Kochen: 20 Minuten Zubereitung: 4 PortionenBILD

REICHHALTIGER GESCHMACK UND FLEISCHIGE TEXTURPULLED RIBS PASSEN GUT ZU ETWAS KÜHLEM UND KNUSPRIGEM. FAST JEDE SCHEIBE REICHT AUS, ABER EINE FRÜHLINGSZWIEBELSCHEIBE (SIEHE ABBREZEPTUND IN ABBGENAU HIER), BESONDERS GUT.

EINGERICHTET

- 8-10 Stück Apfel- oder Hickoryholz
- 3-3½ Pfund Babyschweinefleisch
- ¼ Tasse gemahlene Gewürze (sieheRezept)

SOßE

- 1 mittelgroßer Apfel, geschält, entkernt und in dünne Scheiben geschnitten
- ¼ Tasse gehackte Zwiebel
- ¼ Tasse Wasser
- ¼ Tasse Apfelessig
- 2 Esslöffel Dijon-Senf (sieheRezept)
- 2-3 Esslöffel Wasser

1. Weichen Sie die Holzstücke mindestens 1 Stunde vor dem Räuchern in ausreichend Wasser ein, um sie zu bedecken. Vor Gebrauch abtropfen lassen. Entfernen Sie sichtbares Fett von den Rippen. Entfernen Sie bei Bedarf die dünne Membran von der Rückseite der Rippe. Legen Sie die Rippchen in eine große, flache Pfanne. Über die Räuchersaison gleichmäßig verteilen; mit den Fingern reiben. 15 Minuten bei Zimmertemperatur stehen lassen.

2. Ordnen Sie die erhitzten Kohlen, losen Holzspäne und Wasserbehälter gemäß den Anweisungen des Herstellers im Räucherofen an. Gießen Sie Wasser in den Topf. Legen Sie die Rippchen mit der Knochenseite nach oben auf den Grill. . Halten Sie während des Räucherns eine Temperatur von ca. 225 °F im Räucherofen aufrecht. Fügen Sie nach Bedarf Holzkohle und Wasser hinzu, um Temperatur und Luftfeuchtigkeit aufrechtzuerhalten.

3. In der Zwischenzeit für die Suppensauce die Apfelscheiben, die Zwiebel und ¼ Tasse Wasser in einem kleinen Topf vermischen. Koch es; reduziert Fieber. Abdecken und unter gelegentlichem Rühren 10–12 Minuten kochen lassen, bis die Apfelscheiben sehr weich sind. Leicht abkühlen lassen; Geben Sie die ungeschälten Äpfel und Zwiebeln in eine Küchenmaschine oder einen Mixer. Abdecken und verarbeiten oder mixen, bis eine glatte Masse entsteht. Geben Sie das Püree wieder auf den Teller. Essig und Dijon-Senf unterrühren. Bei mittlerer bis niedriger Hitze 5 Minuten kochen lassen, dabei gelegentlich umrühren. Fügen Sie 2-3 Esslöffel Wasser (oder bei Bedarf mehr) hinzu, damit die Vinaigrette eher einer Soße ähnelt. Die Soße dritteln.

4. Nach 2 Stunden die Rippchen großzügig mit einem Drittel der Mop-Sauce bestreichen. Abdecken und weitere 1 Stunde räuchern. Nochmals mit einem Drittel der Moppsoße bestreichen. Decken Sie jede Rippe mit Hochleistungsfolie ab und geben Sie die Rippen zurück in den Räucherofen. Legen Sie sie bei Bedarf beiseite. Abdecken und weitere 1–1,5 Stunden räuchern, bis die Rippchen weich sind. *

5. Rippen herausnehmen und mit dem restlichen Drittel der Mop-Sauce bestreichen. Beim Servieren zwischen den Knochen schneiden.

*Tipp: Um die Unversehrtheit der Rippen zu überprüfen, entfernen Sie vorsichtig die Aluminiumfolie von einer Rippe. Entfernen Sie die Rippenplatte mit einer Zange vom oberen Viertel der Platte. Drehen Sie die Rippchen so, dass sie mit der Fleischseite nach unten liegen. Wenn die Rippen dünn sind, sollte der Teller beim Aufheben auseinanderfallen. Wenn die Rippchen noch nicht weich sind, decken Sie sie erneut mit Aluminiumfolie ab und räuchern Sie die Rippchen weiter, bis sie weich sind.

GEGRILLTE SCHWEINERIPPCHEN IM LANDHAUSSTIL MIT FRISCHER ANANAS

VORBEREITUNG:20 Minuten Backen: 8 Minuten Kochen: 1 Stunde 15 Minuten Zubereitung: 4 Portionen

SCHWEINERIPPCHEN IM LANDHAUSSTIL SIND FLEISCHIG,ES IST BILLIG, UND WENN MAN ES RICHTIG BEHANDELT – ZUM BEISPIEL AUF NIEDRIGER STUFE KÖCHELN LÄSST ODER ES LANGSAM IN BARBECUE-SAUCE KOCHT – SCHMILZT ES.

2 Pfund Landschweinerippchen ohne Knochen

¼ Teelöffel schwarzer Pfeffer

1 Esslöffel raffiniertes Kokosöl

½ Tasse frischer Orangensaft

1½ Tassen BBQ-Sauce (siehe Rezept)

3 Tassen Grün- und/oder Rotkohl

1 Tasse geriebene Karotte

2 Tassen dünn geschnittene Ananas

⅓ Tasse helle Zitrusvinaigrette (siehe Rezept)

BBQ-Sauce (siehe Rezept) (Optional)

1. Backofen auf 350 °F vorheizen. Das Schweinefleisch mit Pfeffer bestreuen. Erhitzen Sie das Kokosöl in einer extra großen Pfanne bei mittlerer bis hoher Hitze. Schweinefleisch hinzufügen; 8-10 Minuten backen oder bis es goldbraun und gleichmäßig gebräunt ist. Legen Sie die Rippchen in eine quadratische 3-Liter-Auflaufform.

2. Geben Sie den Orangensaft zur Soße und kratzen Sie alle verfärbten Stücke ab. 1½ Tassen BBQ-Sauce einrühren. Die Soße über die Rippchen gießen. Drehen Sie die

Rippchen, um sie mit der Soße zu bestreichen (verwenden Sie bei Bedarf einen Backpinsel, um die Rippchen mit der Soße zu bestreichen). Decken Sie die Pfanne fest mit Aluminiumfolie ab.

3. Die Rippchen 1 Stunde backen. Entfernen Sie die Aluminiumfolie und bestreichen Sie die Rippchen auf einem Backblech mit der Sauce. Weitere etwa 15 Minuten köcheln lassen, bis die Rippchen zart und gebräunt sind und die Soße leicht eingedickt ist.

4. In der Zwischenzeit für den Ananassalat Kohl, Karotten, Ananas und Bright Citrus Vinaigrette vermengen. Abdecken und bis zum Servieren im Kühlschrank aufbewahren.

5. Mit Spießen und nach Wunsch zusätzlicher BBQ-Sauce servieren.

WÜRZIGES SCHWEINEFLEISCH

VORBEREITUNG: 20 Minuten zum Kochen: 40 Minuten: 6 Portionen

SIE SERVIEREN DIESES UNGARISCHE GERICHTEIN KURZER, KAUM GESTAMPFTER KOHL FÜR EINE PORTION. ZERDRÜCKE DIE SAMEN, WENN DU WELCHE HAST. WENN NICHT, DRÜCKEN SIE DIE KLINGE VORSICHTIG MIT DER BREITEN SEITE EINES KOCHMESSERS NACH UNTEN.

TUE ES

1 Pfund Schweinefleisch

2 Tassen gewürfelte rote, orange und/oder gelbe Paprika

¾ Tasse fein gehackte rote Zwiebel

1 kleine frische rote Chili, entkernt und gehackt (siehe AbbHinweis)

4 Teelöffel gedünstete Gewürze (sieheRezept)

1 Teelöffel Kreuzkümmel, gemahlen

¼ Teelöffel Majoran oder Oregano

1 14 oz ungesalzene, gewürfelte Tomaten, ungekocht

2 Esslöffel Rotweinessig

1 Esslöffel fein geriebene Zitronenschale

⅓ Tasse gehackte frische Petersilie

KOHL

2 Esslöffel Olivenöl

1 mittelgroße Zwiebel, in Scheiben geschnitten

1 kleiner Kopf Grün- oder Rotkohl, blanchiert und in dünne Scheiben geschnitten

1. Für die Soße Schweinefleisch, Paprika und Zwiebeln bei mittlerer bis hoher Hitze 8 bis 10 Minuten lang anbraten oder bis das Schweinefleisch rosa und das Gemüse zart ist, dabei mit einem Holzlöffel umrühren; . das Fleisch brechen. Gießen Sie das Fett ein. Senken Sie die Temperatur; Fügen Sie die rote Paprika, Piment,

Kreuzkümmel und Majoran hinzu. Abdecken und 10 Minuten kochen lassen. Tomatenwürfel und Essig hinzufügen. Koch es; reduziert Fieber. 20 Minuten kochen lassen.

2. In der Zwischenzeit das Öl für den Kohl in einem extra großen Topf bei mittlerer Hitze erhitzen. Fügen Sie die Zwiebel hinzu und kochen Sie sie etwa 2 Minuten lang, bis sie weich ist. Kohl hinzufügen; verwechsel es. Drehen Sie die Hitze herunter. Etwa 8 Minuten kochen lassen oder bis der Kohl weich ist, dabei gelegentlich umrühren.

3. Zum Servieren einen Teil der Kohlmischung auf einen Teller geben. Den goldenen Teig darauf verteilen und mit Zitronenschale und Petersilie bestreuen.

MARINARA MIT ITALIENISCHER WURST, PASTINAKENSCHEIBEN UND ZWIEBELN

VORBEREITUNG: 30 Minuten kochen: 30 Minuten kochen: 40 Minuten Zubereitung: Für 4–6 Personen

DIESES REZEPT IST EIN SELTENES BEISPIEL IN DOSENPRODUKT, DAS GENAUSO FUNKTIONIERT – DIE NEUE VERSION. SOFERN SIE KEINE SEHR REIFEN TOMATEN HABEN, ERGEBEN FRISCHE TOMATEN NICHT DIE GLEICHE SOßE WIE TOMATEN AUS DER DOSE. STELLEN SIE SICHER, DASS SIE EIN SALZFREIES PRODUKT VERWENDEN, ODER NOCH BESSER, EIN BIO-PRODUKT.

FLEISCHKLÖßCHEN

- 2 große Eier
- ½ Tasse Mandelmehl
- 8 Knoblauchzehen, gehackt
- 6 Esslöffel trockener Weißwein
- 1 Esslöffel Paprika
- 2 Teelöffel schwarzer Pfeffer
- 1 Teelöffel Fenchelsamen, leicht zerstoßen
- 1 Teelöffel getrockneter Oregano, zerstoßen
- 1 Teelöffel getrockneter Thymian, zerstoßen
- ¼–½ TL Cayennepfeffer
- 1 Pfund Schweinefleisch

YACHTHAFEN

- 2 Esslöffel Olivenöl
- 2 Unzen ungesalzene, zerkleinerte Tomaten oder 28 Unzen ungesalzene, zerkleinerte Tomaten
- ½ Tasse gehacktes frisches Basilikum

3 mittelgroße Blumenzwiebeln, halbiert, gefärbt und in dünne Scheiben geschnitten

1 große süße Zwiebel, halbiert und in dünne Scheiben geschnitten

1. Den Ofen auf 375 °F vorheizen. Ein großes Backblech mit Backpapier auslegen; beiseite legen, ignorieren. In einer großen Schüssel Eier, Mandelmehl, 6 Knoblauchzehen, 3 Esslöffel Wein, Paprika, 1½ Teelöffel schwarzen Pfeffer, Kreuzkümmel, Oregano, Thymian und Cayennepfeffer verquirlen. Schweinefleisch hinzufügen; gut mischen. Aus dem Schweinefleisch 3,5 cm große Frikadellen formen (ergibt etwa 24 Frikadellen); In einer einzigen Schicht in die vorbereitete Pfanne geben. Etwa 30 Minuten backen, dabei während des Backens einmal wenden.

2. In der Zwischenzeit 1 Esslöffel Olivenöl in einem 4 bis 6 Liter großen Dutch Oven für die Marinara-Sauce erhitzen. Die restlichen 2 Knoblauchzehen hinzufügen; kochen für ca. 1 Minute oder bis es gerade anfängt zu bräunen. Fügen Sie schnell die restlichen 3 Esslöffel Wein, zerdrückte Tomaten und Basilikum hinzu. Koch es; reduziert Fieber. 5 Minuten kochen lassen. Die gekochten Fleischbällchen vorsichtig in die Marinara-Sauce geben. Abdecken und 25–30 Minuten köcheln lassen.

3. In der Zwischenzeit den restlichen 1 Esslöffel Olivenöl in einer großen Pfanne bei mittlerer Hitze erhitzen. Mit geschnittenen Schalotten und Zwiebeln vermischen. Unter häufigem Rühren 8–10 Minuten kochen lassen oder bis es weich und durchscheinend ist. Mit dem restlichen ½ Teelöffel schwarzem Pfeffer würzen. Suppe und Marinara-Sauce über Schnittlauch servieren.

MIT SCHWEINEFLEISCH, BASILIKUM UND PINIENKERNEN GEFÜLLTE BLAUBEEREN

VORBEREITUNG:20 Minuten Kochen: 22 Minuten Kochen: 20 Minuten Zubereitung: 4 Portionen

KINDER WERDEN DIESEN LUSTIGEN GESCHMACK LIEBENEINE HOHLE SCHÜSSEL GEFÜLLT MIT SPECK, TOMATEN UND GEMÜSEPAPRIKA. NACH BELIEBEN 3 EL BASILIKUMPESTO UNTERMISCHEN (SIEHEREZEPT) FRISCHES BASILIKUM, PETERSILIE UND PINIENKERNE.

- 2 mittelgroße Zimmer
- 1 Esslöffel natives Olivenöl extra
- 12 Unzen Schweinefleisch
- ¾ Tasse gehackte Zwiebel
- 2 Knoblauchzehen, gehackt
- 1 Tasse gehackte Tomaten
- ⅔ Tasse dünn geschnittene gelbe oder orangefarbene Paprika
- 1 Teelöffel Fenchelsamen, leicht zerstoßen
- 1 Teelöffel zerstoßener roter Pfeffer
- ¼ Tasse gehacktes frisches Basilikum
- 3 Esslöffel gehackte frische Petersilie
- 2 Esslöffel Pinienkerne, geröstet (sieheHinweis) und sollte geschnitten werden
- 1 Teelöffel fein abgeriebene Zitronenschale

1. Backofen auf 350 °F vorheizen. Schneiden Sie die Haut der Länge nach in zwei Hälften und schneiden Sie die Mitte vorsichtig aus, so dass eine ¼ Zoll dicke Haut übrig bleibt. Das Fruchtfleisch der Schwarte fein hacken und beiseite stellen. Mit Alufolie ausgelegte Stücke Backpapier ausschneiden.

2. Für die Füllung das Olivenöl in einer großen Pfanne bei mittlerer bis hoher Hitze erhitzen. Schweinefleisch hinzufügen; unter Rühren mit einem Holzlöffel kochen, bis das Fleisch zerkleinert und nicht mehr rosa ist. Gießen Sie das Fett ein. Hitze auf mittlere Stufe reduzieren. Beiseite gelegte Zwiebeln, Schalotten und Knoblauch hinzufügen; Unter Rühren etwa 8 Minuten kochen lassen oder bis die Zwiebel weich ist. Mit Tomaten, Paprika, Kreuzkümmel und gehackter roter Paprika vermengen. Etwa 10 Minuten kochen lassen oder bis die Tomaten weich sind und anfangen zu zerfallen. Nehmen Sie die Pfanne vom Herd. Basilikum, Petersilie, Pinienkerne und Zitronensaft unterrühren. Die Füllung auf die Blaubeerschalen verteilen und etwas zusammenraffen. 20–25 Minuten backen oder bis die Auberginenschale aufgebläht und zart ist.

SCHWEINEFLEISCH- UND ANANAS-PASTA-MARMELADEN, KOKOSMILCH UND KRÄUTER

VORBEREITUNG:30 Minuten kochen: 15 Minuten kochen: 40 Minuten Zubereitung: Für 4 PersonenBILD

- 1 großer Spaghettikürbis
- 2 Esslöffel raffiniertes Kokosöl
- 1 Kilo Schweinefleisch
- 2 Esslöffel fein gehackte Schalotten
- 2 Esslöffel frischer Limettensaft
- 1 Esslöffel gehackter frischer Ingwer
- 6 Knoblauchzehen, gehackt
- 1 Esslöffel geschnittene Zitrone
- 1 Esslöffel ungesalzenes rotes Currypulver nach thailändischer Art
- 1 Tasse gehackter roter Pfeffer
- 1 Tasse gehackte Zwiebel
- ½ Tasse Karotten aus der Dose
- 1 Baby-Pak Choi, in Scheiben geschnitten (3 Tassen)
- 1 Tasse geschnittene frische Champignons
- 1 oder 2 thailändische Geflügel-Chilis, in dünne Scheiben geschnitten (sieheHinweis)
- 1 13,5 Unzen natürliche Kokosmilch (z. B. Nature's Way)
- ½ Tasse Hühnerknochenbrühe (sieheRezept) oder ungesalzene Hühnersuppe
- ¼ Tasse frischer Ananassaft
- 3 Esslöffel ungesalzene, fettfreie Kakaobutter
- 1 Tasse gehackte frische Ananas
- Und die Boote
- Frischer Koriander, Semmelbrösel und/oder Thai-Basilikum
- In Scheiben geschnittene geröstete Kawai

1. Ofen auf 400 °F vorheizen. Spaghettikürbis 3 Minuten lang auf höchster Stufe in der Mikrowelle erhitzen. Schneiden Sie den Kohl vorsichtig der Länge nach in zwei Hälften und kratzen Sie die Kerne heraus. Bestreichen Sie die Schnittseite der Melone mit 1 Esslöffel Kokosöl. Legen Sie die Kabobhälften mit der Schnittfläche nach unten auf ein Backblech. 40–50 Minuten backen oder bis sich das Grün leicht mit einem Messer durchstechen lässt. Das Fleisch mit einer Gabel abkratzen und bis zum Servieren warm halten.

2. In einer mittelgroßen Schüssel Schweinefleisch, Zwiebeln, Limettensaft, Ingwer, Knoblauch, Zitrone und Currypulver vermengen. gut mischen. Den restlichen 1 Esslöffel Kokosöl in einer großen Pfanne bei mittlerer bis hoher Hitze erhitzen. Schweinefleischmischung hinzufügen; unter Rühren mit einem Holzlöffel kochen, bis das Fleisch zerkleinert und nicht mehr rosa ist. Paprika, Zwiebel und Sellerie hinzufügen; Unter Rühren etwa 3 Minuten kochen lassen oder bis das Gemüse weich ist. Pak Choi, Pilze, Chilis, Kokosmilch, Hühnerknochenbrühe, Ananassaft und Kakaobutter unterrühren. Koch es; reduziert Fieber. Ananas hinzufügen; Es sollte fertig sein, bevor es aufgewärmt ist.

3. Zum Servieren den Spaghettikürbis auf vier Teller verteilen. Reiben Sie das getrocknete Schweinefleisch über die Kruste. Mit Schnittlauch, Kräutern und Kiwis servieren.

WÜRZIG GEGRILLTES SCHWEINEFLEISCH MIT WÜRZIGEM GURKENSALAT

VORBEREITUNG:30 Minuten Grillen: 10 Minuten Stehenlassen: 10 Minuten Zubereitung: 4 Portionen

SALAT AUS ZERKLEINERTEN GURKENMIT FRISCHEM BROT VERFEINERT IST ES EINE KÜHLENDE UND ERFRISCHENDE ERGÄNZUNG ZU DIESEM KÖSTLICHEN SCHWEINEFLEISCHBURGER.

- ⅓ Tasse Olivenöl
- ¼ Tasse geschnittene frische Semmelbrösel
- 3 Esslöffel Weißweinessig
- 8 Knoblauchzehen, gehackt
- ¼ Teelöffel schwarzer Pfeffer
- 2 mittelgroße Gurken, sehr dünn geschnitten
- 1 kleine Zwiebel, in dünne Scheiben geschnitten (ca. ½ Tasse)
- Zwischen 1¼1 Pfund Schweinefleisch
- ¼ Tasse gehackter frischer Koriander
- 1-2 mittelgroße Jalapeño- oder Serrano-Chilischoten, entkernt (falls erforderlich) und gehacktHinweis)
- 2 mittelgroße rote Paprika, entkernt und geviertelt
- 2 Teelöffel Olivenöl

1. Mischen Sie ⅓ Tasse Olivenöl, Semmelbrösel, Essig, 2 Knoblauchzehen und schwarzen Pfeffer in einer großen Schüssel. In Scheiben geschnittene Gurken und Zwiebeln hinzufügen. Rühren, bis alles gut bedeckt ist. Ein- oder zweimal umrühren und bis zum Servieren im Kühlschrank aufbewahren.

2. Schweinefleisch, Koriander, Chilischote und die restlichen 6 Knoblauchzehen in einer großen Schüssel vermischen. Zu einem 10 cm dicken Fladen formen. Bestreichen Sie die Ecken leicht mit 2 Teelöffeln Olivenöl.

3. Platzieren Sie bei einem Holzkohlegrill oder Gasgrill Kekse und Pfefferkörner direkt auf mittlerer Hitze. Grillen Sie die Paprikaviertel und wenden Sie sie nach der Hälfte der Grillzeit, bis ein sofort ablesbares Thermometer in der Schweineseite 160 °F anzeigt und die Paprikaviertel zart und leicht gebräunt sind. Warten Sie 10–12 Minuten für die Zwiebeln und 8–10 Minuten für die Paprikaviertel.

4. Wenn die Eckviertel fertig sind, bedecken Sie sie vollständig mit Aluminiumfolie. Etwa 10 Minuten stehen lassen oder bis es ausreichend abgekühlt ist. Mit einem scharfen Messer die Schale der Paprika vorsichtig abziehen. Schneiden Sie die Ecke dünn ab.

5. Zum Servieren den Gurkensalat vermengen und gleichmäßig in vier große Schüsseln verteilen. Legen Sie das Schweinefleisch auf jeden Teller. Die Paprikascheiben gleichmäßig in der Pfanne verteilen.

PIZZA MIT BLAUBEERKRUSTE, PESTO AUS SONNENGETROCKNETEN TOMATEN, PAPRIKA UND ITALIENISCHER WURST

VORBEREITUNG:30 Minuten Garzeit: 15 Minuten Garzeit: 30 Minuten Zubereitung: 4 Portionen

ES IST EINE PIZZA MIT MESSER UND GABEL.DRÜCKEN SIE DIE WURST UND DIE PAPRIKA LEICHT AUF DEN MIT PESTO ÜBERZOGENEN TEIG UND ACHTEN SIE DARAUF, DASS SIE GERADE GENUG KLEBEN, UM DIE PIZZA SCHÖN ZU SCHNEIDEN.

2 Esslöffel Olivenöl

1 Esslöffel gemahlene Mandeln

1 großes Ei, leicht geschlagen

½ Tasse Mandelmehl

1 Esslöffel gehackter frischer Oregano

¼ Teelöffel schwarzer Pfeffer

3 Knoblauchzehen, gehackt

3½ Tassen geriebener Käse (2 mittelgroße)

Italienische Wurst (siehe Rezept, unten)

1 Esslöffel natives Olivenöl extra

1 Paprika (jeweils gelb, rot oder halbiert), entkernt und in sehr dünne Scheiben geschnitten

1 kleine Zwiebel, in dünne Scheiben geschnitten

Pesto aus sonnengetrockneten Tomaten (siehe Rezept, unten)

1. Den Ofen auf 200 °C (425 °F) vorheizen. Eine 12-Zoll-Pizzaform mit 2 Esslöffeln Olivenöl einfetten. Mit gemahlenen Mandeln bestreuen; beiseite legen, ignorieren.

2. Für die Kruste Eier, Mandelmehl, Oregano, schwarzen Pfeffer und Knoblauch in einer großen Schüssel vermischen. Legen Sie die geschnittenen Lebensmittel auf ein sauberes Handtuch oder Käsetuch. Gut abdecken

ZITRONEN-KORIANDER-LAMMKEULE MIT GEGRILLTEM SPARGEL

TRINKEN30-minütige Zubereitung: 20-minütiges Grillen: 45-minütiges Stehenlassen: 10-minütige Zubereitung: 6-8 Portionen

ES IST DIE ESSENZ EINES EINFACHEN, ABER ELEGANTEN GESCHMACKSZWEI IM FRÜHJAHR PRODUZIERTE ARTIKEL - LAMM UND LAMM. DAS RÖSTEN VON KORIANDERSAMEN SORGT FÜR EINEN WARMEN, ERDIGEN, LEICHT WÜRZIGEN GESCHMACK.

- 1 Tasse Hickoryholzspäne
- 2 Esslöffel Koriandersamen
- 2 Esslöffel fein abgeriebene Zitronenschale
- 1½ Teelöffel schwarzer Pfeffer
- 2 Esslöffel gehackter frischer Thymian
- 1 2-3 kg Lammkeule ohne Knochen
- 2 Bund frischer Spargel
- 1 Esslöffel Olivenöl
- ¼ Teelöffel schwarzer Pfeffer
- 1 Zitrone in Viertel schneiden

1. Mindestens 30 Minuten vor dem Räuchern die Hickory-Chips in ausreichend Wasser einweichen, sodass sie bedeckt sind. beiseite legen, ignorieren. In der Zwischenzeit in einer kleinen Pfanne bei mittlerer Hitze die Koriandersamen unter häufigem Rühren etwa 2 Minuten lang rösten oder bis sie duften und duften. Samen aus dem Topf nehmen; sei cool Sobald die Samen abgekühlt sind, zerdrücken Sie sie mit einer Gabel (oder legen Sie die Samen auf ein Schneidebrett und zerdrücken Sie sie mit der Rückseite eines Holzlöffels). In einer

kleinen Schüssel die zerstoßenen Koriandersamen, Zitronenschale, 1½ Teelöffel Pfeffer und Cayennepfeffer vermischen; beiseite legen, ignorieren.

2. Entfernen Sie die Netze vom Lammbraten. Öffnen Sie das Steak mit der Fettseite nach oben. Die Hälfte der Gewürzmischung über das Fleisch streuen; mit den Fingern reiben. Sammeln Sie die Steaks und binden Sie sie mit vier bis sechs Stück Küchengarn aus 100 % Baumwolle zusammen. Den Rest der Gewürzmischung über das Steak träufeln und leicht andrücken, um es zu verschließen.

3. Platzieren Sie bei einem Holzkohlegrill mittelheiße Kohlen um die Bratenfette. Versuchen Sie es mit mittlerer Hitze in der Pfanne. Streuen Sie trockene Holzspäne über die Eimer. Legen Sie das Lammsteak über den Bratenfett auf den Grill. Abdecken und 40–50 Minuten bei mittlerer Hitze (60 °C) räuchern. . Vor dem Schneiden 10 Minuten stehen lassen.

4. In der Zwischenzeit die Enden der Pflaumen abschneiden. In einer großen Schüssel die Brombeeren mit dem Olivenöl und ¼ Teelöffel Pfeffer vermengen. Legen Sie den Spargel auf die Außenkanten des Grills, direkt über die Kohlen und senkrecht zu den Grilllöchern. Abdecken und 5-6 Minuten kochen lassen, bis die Masse aufgebläht ist. Zitronenringe über den Spargel pressen.

5. Entfernen Sie die Schnur vom Lammsteak und schneiden Sie das Fleisch in dünne Scheiben. Das Fleisch wird mit gegrilltem Spargel serviert.

LAMMEINTOPF

VORBEREITUNG: 30 Minuten Kochen: 2 Stunden 40 Minuten: 4 Portionen

WÄRMEN SIE SICH MIT DIESEM KÖSTLICHEN EINTOPF AUFIN EINER HERBST- ODER WINTERNACHT. SERVIERT WIRD DER FISCH MIT EINEM SAMTIGEN KNOLLENSELLERIE-PASTINAKEN-PÜREE, GEWÜRZT MIT DIJON-SENF, KAFFEESAHNE UND TEE. HINWEIS: SELLERIEWURZEL WIRD MANCHMAL AUCH SELLERIE GENANNT.

- 10 schwarze Pfefferkörner
- 6 Standardblätter
- 3 Krabben
- 2 Zoll große Orangenschale
- 2 Lammkeulen
- 3 Esslöffel Olivenöl
- 2 mittelgroße Zwiebeln, grob gehackt
- 1 14,5 Unzen ungesalzene, gewürfelte Tomaten, ungekocht
- 1½ Tassen Rinderknochenbrühe (siehe Rezept) oder ungesalzene Rinderbrühe
- ¾ Tasse trockener Weißwein
- 3 Knoblauchzehen, zerdrückt und geschält
- 2 Pfund Selleriewurzel, geschält und in 1-Zoll-Würfel geschnitten
- 6 mittelgroße Pastinaken, geschält und in 1-Zoll-Spalten geschnitten (ca. 2 Pfund)
- 2 Esslöffel Olivenöl
- 2 Esslöffel Kakaocreme (siehe Rezept)
- 1 Esslöffel Dijon-Senf (siehe Rezept)
- ¼ Tasse gehacktes Grün

1. Für das Bouquet 7 Zoll große Käsequadrate ausschneiden. Paprika, Basilikum, Kräuter und Orangenschale in die Mitte des Käsetuchs legen. Heben Sie die Ecken des Käsetuchs an und binden Sie es mit sauberem Küchengarn

aus 100 % Baumwolle fest. Man legt es beiseite, man ignoriert es.

2. Schneiden Sie das Fett von der Lammkeule ab; Lammfleisch in 2,5 cm große Stücke schneiden. 3 Esslöffel Olivenöl in einem Schmortopf bei mittlerer Hitze erhitzen. Das Lammfleisch bei Bedarf auf den Brettern in heißem Öl braun braten; Aus der Pfanne nehmen und warm halten. Zwiebel in den Topf geben; 5-8 Minuten backen oder bis es weich und hellbraun ist. Fügen Sie das Bouquet garni, sonnengetrocknete Tomaten, 1¼ Tassen Rinderknochenbrühe, Wein und Knoblauch hinzu. Koch es; reduziert Fieber. 2 Stunden köcheln lassen, dabei gelegentlich umrühren. Entfernen Sie den Blumenstrauß und entsorgen Sie ihn.

3. In der Zwischenzeit die pürierte Selleriewurzel und die Pastinaken in einen großen Topf geben. mit Wasser bedecken. Bei mittlerer bis hoher Hitze zum Kochen bringen; Drehen Sie die Hitze herunter. Abdecken und bei schwacher Hitze 30–40 Minuten köcheln lassen oder bis das Gemüse beim Einstechen mit einer Gabel sehr zart ist. Kanal; Geben Sie das Gemüse in eine Küchenmaschine. Fügen Sie ¼ Tasse Rinderknochenbrühe und 2 Esslöffel Öl hinzu; Pulsieren, bis das Püree glatt ist, aber noch Konsistenz hat, dabei ein- oder zweimal anhalten, um die Seiten zu zerkleinern. Das Püree auf einen Teller geben. Kaffeesahne, Senf und Tee unterrühren.

4. Zum Servieren das Püree auf vier Teller verteilen; Lamm-Hot Pot.

LAMMBRATEN MIT SELLERIEWURZELNUDELN

VORBEREITUNG:30 Minuten kochen: 1 Stunde 30 Minuten: 6 Mahlzeiten

SELLERIEWURZEL IST VÖLLIG ANDERSWIE BEIM HEIßEN LAMMEINTOPF WURDE AUCH DIESER EINTOPF ZUBEREITET (VGL<u>REZEPT</u>). MIT EINEM MANDOLINENSCHNEIDER WERDEN SEHR DÜNNE STREIFEN AUS SÜßKARTOFFELN UND WALNÜSSEN HERGESTELLT. DIE „NUDELN" IN DER SUPPE WERDEN GEDÄMPFT, BIS SIE WEICH SIND.

2 Teelöffel Zitronenschale (siehe<u>Rezept</u>)

1½ Pfund Lammbraten, in 1-Zoll-Würfel geschnitten

2 Esslöffel Olivenöl

2 Tassen gehackte Zwiebel

1 Tasse gehackter Sellerie

1 Tasse gehackter Kohlrabi

1 Esslöffel gehackter Knoblauch (6 Zehen)

2 Esslöffel ungesalzenes Tomatenmark

½ Tasse trockener Rotwein

4 Tassen Rinderknochenbrühe (siehe<u>Rezept</u>) oder ungesalzene Rinderbrühe

1 Rübenblatt

2 Tassen 2,5 cm große Semmelbrösel

1 Tasse gehackte Aubergine

1 Pfund Selleriewurzel, geschält

Fein gehackte frische Petersilie

1. Backofen auf 250 °F vorheizen. Die Zitronenschale gleichmäßig über das Lamm streuen. Werfen Sie das Tuch vorsichtig hin und her. Erhitzen Sie einen 6 bis 8 Liter fassenden holländischen Ofen bei mittlerer bis hoher Hitze. 1 Esslöffel Olivenöl und die Hälfte des gewürzten

Lammfleisches in den Schmortopf geben. Das Fleisch in heißem Öl von allen Seiten anbraten; Das gebräunte Fleisch auf einen Teller geben und mit dem restlichen Lammfleisch und Olivenöl wiederholen. Hitze auf mittlere Stufe reduzieren.

2. Zwiebeln, Karotten und Rüben in den Topf geben. Gemüse 4 Minuten kochen und umrühren; Den Knoblauch und das Tomatenmark hinzufügen und eine weitere Minute kochen lassen. Rotwein, Rinderknochenbrühe, Lorbeerblätter, Fleisch und eventuell angesammelten Saft hinzufügen. Bringen Sie die Mischung zum Kochen. Decken Sie den Ofen mit einem Deckel ab und stellen Sie ihn in den vorgeheizten Ofen. 1 Stunde backen. Melone und Aubergine mischen. Zurück in den Ofen schieben und weitere 30 Minuten garen.

3. Während das Gericht im Ofen ist, schneiden Sie die Selleriewurzel mit einer Mandoline in sehr dünne Scheiben. Selleriewurzel in ½ Zoll breite Streifen schneiden. (Sie benötigen etwa 4 Tassen.) Die Selleriewurzelstreifen in die Suppe einrühren. Etwa 10 Minuten kochen lassen oder bis es weich ist. Vor dem Servieren das Lorbeerblatt entfernen und wegwerfen. Jede Portion mit gehackter Petersilie bestreuen.

FRANZÖSISCHES LAMM MIT GRANATAPFEL

VORBEREITUNG:10 Minuten zum Kochen: 18 Minuten zum Abkühlen: 10 Minuten zum Kochen: 4 Portionen

DAS WORT „FRANZÖSISCH" BEZIEHT SICH AUF DIE RIPPEMIT EINEM SCHARFEN MESSER WURDEN FETT, FLEISCH UND BINDEGEWEBE ENTFERNT. ER MACHT EINEN CHARMANTEN AUFTRITT. FRAGEN SIE IHREN METZGER ODER MACHEN SIE ES SELBST.

CHUTNEY
½ Tasse ungesüßter Granatapfelsaft

1 Esslöffel frischer Zitronensaft

1 klein, geschält und in dünne Scheiben geschnitten

1 Teelöffel fein geriebene Orangenschale

⅓ Tasse gehackte Medjool-Datteln

¼ Teelöffel zerstoßener roter Pfeffer

¼ Tasse Granatapfel *

1 Esslöffel Olivenöl

1 Esslöffel gehackte frische italienische (glattblättrige) Petersilie

ER SCHNEIDET DAS LAMM
2 Esslöffel Olivenöl

8 Französisches Lamm

1. Granatapfelsaft, Zitronensaft und Backpulver in einem kleinen Topf vermischen. Koch es; reduziert Fieber. 2 Minuten kochen lassen. Orangenschale, Datteln und gehackte rote Paprika hinzufügen. Etwa 10 Minuten abkühlen lassen. Mit dem Granatapfel, 1 Esslöffel Olivenöl

und der Petersilie vermischen. Bis zum Servieren bei Zimmertemperatur ruhen lassen.

2. Für Suppen 2 Esslöffel Olivenöl in einer großen Pfanne bei mittlerer Hitze erhitzen. Geben Sie die Suppe portionsweise in den Topf und kochen Sie sie 6 bis 8 Minuten lang bei mittlerer bis mittlerer Hitze (145 °F) unter einmaligem Wenden. Mit Chutney belegen.

* Hinweis: Neue Granatäpfel und deren Kerne sind von Oktober bis Februar erhältlich. Wenn Sie sie nicht finden können, verwenden Sie ungesüßte getrocknete Samen, um dem Kausnack mehr Biss zu verleihen.

CHIMICHURRI-LAMMKEULE MIT GEBACKENEM RADICCHIO-SALAT

VORBEREITUNG:30 Minuten Marinieren: 20 Minuten Kochen: 20 Minuten Zubereitung: 4 Portionen

CHIMICHURRI IST DAS BELIEBTESTE GEWÜRZ IN ARGENTINIENZUSAMMEN MIT DEM BERÜHMTEN BARBECUE-STEAK IM GAUCHO-STIL. ES GIBT VIELE VARIATIONEN, ABER DIE DICKE SAUCE BESTEHT NORMALERWEISE AUS PETERSILIE, KORIANDER ODER OREGANO, SCHNITTLAUCH UND/ODER KNOBLAUCH, GEBROCHENER ROTER PAPRIKA, OLIVENÖL UND ROTWEINESSIG. ES PASST HERVORRAGEND ZU GEGRILLTEM STEAK, ABER AUCH ZU GEGRILLTEM ODER GEBRATENEM LAMMEINTOPF, HÜHNCHEN UND SCHWEINEFLEISCH.

8 Lammkoteletts, in 1 Zoll dicke Scheiben geschnitten

½ Tasse Chimichurri-Sauce (sieheRezept)

2 Esslöffel Olivenöl

1 süße Zwiebel, halbiert und in Scheiben geschnitten

1 Esslöffel Kreuzkümmelsamen, gemahlen*

1 Knoblauchzehe, gehackt

1 Kopf Radicchio, entkernt und in dünne Scheiben geschnitten

1 Esslöffel Balsamico-Essig

1. Die Lammkoteletts in eine extra große Schüssel geben. Mit 2 Esslöffeln Chimichurri-Sauce beträufeln. Verteilen Sie die Soße mit den Fingern auf jeder Scheibe. Die Scheiben 20 Minuten bei Zimmertemperatur marinieren.

2. In der Zwischenzeit für den gerösteten Radicchio-Salat 1 Esslöffel Olivenöl in einer großen Pfanne erhitzen. Zwiebel, Kreuzkümmel und Knoblauch hinzufügen; 6-7

Minuten kochen lassen oder bis die Zwiebel weich ist, dabei häufig umrühren. Radicchio hinzufügen; 1-2 Minuten kochen lassen oder bis der Radicchio leicht zusammengefallen ist. Den Salat auf einen großen Teller geben. Den Balsamico-Essig hinzufügen und gut vermischen. Abdecken und warm halten.

3. Wischen Sie den Topf ab. Den restlichen 1 Esslöffel Olivenöl in die Pfanne geben und bei mittlerer bis hoher Hitze erhitzen. Die Lammkoteletts hinzufügen; Hitze auf mittlere Stufe reduzieren. 9–11 Minuten backen, dabei die Scheiben gelegentlich wenden.

4. Scheiben mit Salat und restlicher Chimichurri-Sauce servieren.

*Hinweis: Um die Samen zu zerstoßen, verwenden Sie einen Stößel und Mörser oder legen Sie die Samen auf ein Schneidebrett und zerdrücken Sie sie mit einem Kochmesser.

LAMMKOTELETTS, GARNIERT MIT KAROTTEN UND SÜßKARTOFFEL-REMOULADE

VORBEREITUNG:12 Minuten Abkühlen: 1–2 Stunden Grillen: 6 Minuten: 4 Portionen

ES GIBT DREI ARTEN VON LAMMFLEISCH.EIN DICKES UND FLEISCHIGES LENDENSTEAK ÄHNELT EINEM KLEINEN STEAK MIT KNOCHEN. FLEISCHBÄLLCHEN, WIE WIR SIE HIER NENNEN, WERDEN AUS DER MITTE EINES LAMMKNOCHENS GESCHNITTEN. SIE SIND SEHR ZIERLICH UND HABEN AN DER SEITE EINEN LANGEN, ATTRAKTIVEN KNOCHEN. ES WIRD OFT GEBRATEN ODER GEGRILLT SERVIERT. DIESES PREISGÜNSTIGE SCHULTERBLATT IST ETWAS DICKER UND WEICHER ALS DIE BEIDEN ANDEREN TYPEN. IDEALERWEISE SOLLTE ES GERÖSTET UND DANN IN WEIN, BRÜHE UND TOMATEN ODER EINER KOMBINATION DAVON GEKOCHT WERDEN.

- 3 mittelgroße Karotten, grob gehackt
- 2 kleine Süßkartoffeln, püriert* oder grob gehackt
- ½ Tasse Paleo Mayo (sieheRezept)
- 2 Esslöffel frischer Zitronensaft
- 2 Teelöffel Dijon-Senf (sieheRezept)
- 2 Esslöffel gehackte frische Petersilie
- Ein Teelöffel schwarzer Pfeffer
- Schneiden Sie das Lamm in 1/2 bis ¾ Zoll dicke Scheiben
- 2 Esslöffel gehackte frische Isla oder 2 Teelöffel getrocknete normale, zerstoßene
- 2 Teelöffel zerstoßene Chilischote
- ½ TL Knoblauchpulver

1. Für das Dressing die Karotten und Süßkartoffeln in einer mittelgroßen Schüssel vermischen. In einer kleinen Schüssel Paleo Mayo, Zitronensaft, Dijon-Senf, Petersilie

und schwarzen Pfeffer vermischen. Über Karotten und Süßkartoffeln gießen; einen Mantel anziehen. Abdecken und 1-2 Stunden im Kühlschrank lagern.

2. In der Zwischenzeit das normale Chili, das Ancho-Chili und das Knoblauchpulver in einer kleinen Schüssel vermischen. Reiben Sie die Gewürzmischung über das Lamm.

3. Wenn Sie einen Holzkohle- oder Gasgrill verwenden, legen Sie die Lammkoteletts bei mittlerer Hitze direkt auf den Grill. 6–8 Minuten für die mittlere bis seltene Variante (145 °F) oder 10–12 Minuten für die mittlere Stufe (150 °F) backen, dabei den Grill abdecken und nach der Hälfte der Zeit drehen.

4. Die Lammkoteletts mit der Remoulade servieren.

*Hinweis: Zum Schneiden der Süßkartoffeln eine Mandoline mit Julienne-Aufsatz verwenden.

LAMMFLEISCH WIRD MIT ROTEN ZWIEBELN, SEMMELBRÖSELN UND OREGANO MARINIERT

VORBEREITUNG:20 Minuten Marinieren: 1–24 Stunden Backen: 40 Minuten Grillen: 12 Minuten Zubereitung: 4 Portionen

WIE DIE MEISTEN WURSTWARENWENN SIE DAS LAMM VOR DEM GAREN MIT DEN KRÄUTERN BELEGEN, WIRD ES NOCH KÖSTLICHER. EINE AUSNAHME HIERVON BILDEN MARINADEN, DIE STARK SÄUREHALTIGE ZUTATEN WIE ZITRUSSAFT, ESSIG UND ALKOHOL ENTHALTEN. WENN SIE DAS FLEISCH ZU LANGE IN DER SAUREN MARINADE BELASSEN, ZERFÄLLT ES UND WIRD WEICH.

SCHAF

- 2 Esslöffel fein gehackte Schalotten
- 2 Esslöffel fein gehackte frische Semmelbrösel
- 2 Esslöffel fein gehackter frischer Oregano
- 5 Teelöffel mediterrane Gewürze (sieheRezept)
- 4 Teelöffel Olivenöl
- 2 Knoblauchzehen, gehackt
- 8 Lammkoteletts, in etwa 2,5 cm dicke Scheiben geschnitten

SALAT

- ¾ Pfund Babyrüben, gehackt
- 1 Esslöffel Olivenöl
- ¼ Tasse frischer Zitronensaft
- ¼ Tasse Olivenöl
- 1 Esslöffel fein gehackte Brühe
- 1 Teelöffel Dijon-Senf (sieheRezept)
- 6 Tassen gemischtes Gemüse
- 4 Teelöffel gemahlener Tee

1. Für das Lammfleisch 2 Esslöffel Brühe, Semmelbrösel, Oregano, 4 Teelöffel mediterrane Gewürze und 4 Teelöffel Olivenöl in einem kleinen Topf vermischen. Reiben Sie alles über die Lammkoteletts. mit den Fingern reiben. Suppen auf einen Teller legen; Mit Plastikfolie abdecken und zum Marinieren mindestens 1 Stunde oder bis zu 24 Stunden im Kühlschrank lagern.

2. Für den Salat den Ofen auf 200 °C vorheizen. Reiben Sie es gut ein; in Scheiben schneiden. In eine 2-Liter-Auflaufform geben. Mit 1 Esslöffel Olivenöl beträufeln. Decken Sie die Pfanne mit Folie ab. Etwa 40 Minuten backen oder bis die Rüben weich sind. Vollständig abkühlen lassen. (Der Teig kann bis zu 2 Tage im Voraus gekocht werden.)

3. Zitronensaft, ¼ Tasse Olivenöl, 1 Esslöffel Brühe, Dijon-Senf und den restlichen 1 Teelöffel mediterranes Gewürz vermischen. Verschließen und gut schütteln. Spinat und Gemüse in einer Salatschüssel vermischen; Vinaigrette hinzufügen.

4. Für einen Holzkohlegrill oder Gasgrill legen Sie die Koteletts direkt auf eine gefettete Grillplatte bei mittlerer Hitze. Drehen Sie den Grill zur Hälfte um, decken Sie ihn ab und schließen Sie ihn, bis er fertig ist. Warten Sie 12 bis 14 Minuten für mittel-selten (145 °F) oder 15 bis 17 Minuten für mittel (160 °F).

5. Zum Servieren jeweils zwei Lammfleischstücke und eine Beilage Salat auf vier Teller legen. Mit Tee bestreuen. Mit der restlichen Vinaigrette vermengen.

LAMMBURGER GEFÜLLT MIT ROTEM GARTENPFEFFER

VORBEREITUNG:20 Minuten Stehen lassen: 15 Minuten Grillen: 27 Minuten Ergibt: 4 Portionen

COULIS IST EINFACH NICHTS ANDERES ALS EINE SOßEAUS PÜRIERTEM OBST ODER GEMÜSE HERGESTELLT. EINE HELLE UND SCHÖNE ROTE PFEFFERSAUCE FÜR DIESE LAMMBURGER ERHÄLT DURCH ZWIEBELN UND GERÖSTETE PAPRIKASCHEIBEN EINE ZWEISCHNEIDIGE RAUCHIGKEIT.

ROTE PAPRIKA

1 große rote Paprika

1 Esslöffel trockener Weißwein oder Weißweinessig

1 Esslöffel Olivenöl

½ Teelöffel gemahlener Paprika

HAMBURG

¼ Tasse gewürfelte sonnengetrocknete Tomaten ohne Schwefel

¼ Tasse geriebener Käse

1 Esslöffel gehacktes frisches Basilikum

2 Teelöffel Olivenöl

Ein Teelöffel schwarzer Pfeffer

1,5 Kilo Lamm

1 Eiweiß, leicht geschlagen

1 Esslöffel mediterrane Gewürze (sieheRezept)

1. Für die Paprikasuppe rote Paprika auf einen Grillrost legen und direkt erhitzen. Abdecken und 15 bis 20 Minuten lang grillen, bis sie goldbraun und sehr zart sind. Dabei die Paprikaschoten alle 5 Minuten auf jeder Seite wenden und anbraten. Vom Grill nehmen und sofort in eine Papiertüte oder Folie legen, um die Ecken vollständig zu

verschließen. 15 Minuten stehen lassen oder bis es ausreichend abgekühlt ist. Entfernen Sie die Haut vorsichtig mit einem scharfen Messer und entsorgen Sie sie. Den Lauch vierteln und Stiele, Kerne und Schale entfernen. In einer Küchenmaschine die gerösteten Paprikaschoten, Wein, Olivenöl und gemahlenen Paprika vermengen. Abdecken und verarbeiten oder mixen, bis eine glatte Masse entsteht.

2. In der Zwischenzeit für die Füllung die sonnengetrockneten Tomaten in eine kleine Schüssel geben und mit kochendem Wasser übergießen. 5 Minuten einwirken lassen; Kanal. Trocknen Sie die Tomaten und gehackten Blaubeeren mit Papiertüchern ab. Tomaten, Petersilie, Basilikum, Olivenöl und ¼ Teelöffel schwarzen Pfeffer in einer Schüssel vermischen; beiseite legen, ignorieren.

3. Lammfleisch, Eiweiß, ¼ Teelöffel schwarzen Pfeffer und mediterrane Gewürze in einer großen Schüssel vermengen. gut mischen. Teilen Sie die Fleischmischung in acht gleiche Portionen und schneiden Sie jede in ¼ Zoll dicke Stücke. Vier Portionen Füllung; Legen Sie die restlichen Scones darauf und drücken Sie die Ränder zusammen, um die Füllung zu verschließen.

4. Legen Sie die Kuchen bei mittlerer Hitze direkt auf den Grill. 12-14 Minuten backen oder bis es fertig ist (160°F), dabei den Grill nach der Hälfte der Zeit einmal wenden.

5. Beim Servieren den Burger mit den roten Paprikaflocken belegen.

DOPPELTER OREGANO-LAMMSPIEß MIT TZATZIKI-SAUCE

TRINKEN30 Minuten Vorbereitung: 20 Minuten Abkühlen: 30 Minuten Grillen: 8 Minuten Vorbereitung: 4 Portionen

DIESE LAMMKOTELETTS SIND WIRKLICH GUTIM MITTELMEERRAUM UND IM NAHEN OSTEN WIRD SAISONALES HACKFLEISCH (NORMALERWEISE LAMM ODER RIND), BEKANNT ALS KOFTA, ZU KUGELN GEFORMT ODER AUF SPIEßE GESTECKT UND DANN GEGRILLT. FRISCHER UND GETROCKNETER OREGANO VERLEIHEN IHNEN EINEN WUNDERBAREN GRIECHISCHEN GESCHMACK.

8 x 10 Zoll großer Holzspieß

LAMMFLEISCH

1,5 Kilo kleines Lamm

1 kleine Zwiebel, gehackt und trockengepresst

1 Esslöffel gehackter frischer Oregano

2 Teelöffel getrockneter Oregano, zerstoßen

1 Esslöffel schwarzer Pfeffer

TZATZIKI SAUCE

1 Tasse Paleo Mayo (sieheRezept)

½ große Gurke, geschält, gehackt und getrocknet

2 Esslöffel frischer Zitronensaft

1 Knoblauchzehe, gehackt

1. Weichen Sie die Schienen 30 Minuten lang in ausreichend Wasser ein, um sie zu bedecken.

2. Für das Lamm Lammfleisch, Zwiebeln, frischen und getrockneten Oregano und Pfeffer in einer großen Schüssel vermengen. gut mischen. Teilen Sie die

Lammmischung in acht gleiche Portionen. Formen Sie jede Portion um die Hälfte des Spießes, sodass ein 5 x 1 Zoll großes Stück entsteht. Abdecken und mindestens 30 Minuten im Kühlschrank lagern.

3. In der Zwischenzeit für die Tzatziki-Sauce Paleo Mayo, Gurke, Zitronensaft und Knoblauch in einer kleinen Schüssel vermischen. Abdecken und bis zum Servieren im Kühlschrank aufbewahren.

4. Für einen Holzkohlegrill oder Gasgrill legen Sie das Lamm bei mittlerer Hitze direkt auf den Grill. Verschließen und grillen. Auf mittlerer Stufe (160 °F) 8 Minuten grillen, nach der Hälfte der Zeit wenden.

5. Das Lamm mit Tzatziki-Sauce servieren.

GEBRATENES HÄHNCHEN MIT SAFRAN UND ZITRONE

VORBEREITUNG:15 Minuten Abkühlen: 8 Stunden Kochen: 1 Stunde 15 Minuten Stehen: 10 Minuten Zubereitung: 4 Portionen

SAFRANGETROCKNETE ZWIEBELNEINE ART KROKUSBLÜTE. TEUER, ABER EINE KLEINE MENGE REICHT WEIT. ES VERLEIHT DIESEM GEPUFFTEN BRATHÄHNCHEN EINE ERDIGE NOTE, EINEN CHARAKTERISTISCHEN GESCHMACK UND EINE WUNDERSCHÖNE GELBE FARBE.

1 4-5 Pfund ganzes Huhn

3 Esslöffel Olivenöl

6 Knoblauchzehen, zerdrückt und geschält

1 Esslöffel fein geriebene Zitronenschale

1 Esslöffel frischer Thymian

1½ Teelöffel gemahlener schwarzer Pfeffer

½ Teelöffel Safran

2 Schriftrollenblätter

1 Viertel Zitrone

1. Entfernen Sie den Hals und die Innereien vom Huhn. Werfen Sie es weg oder bewahren Sie es für eine andere Verwendung auf. Waschen Sie die Hähnchenhöhle; mit einem Papiertuch abwischen. Schneiden Sie überschüssige Haut und Fett vom Huhn ab.

2. In einer Küchenmaschine Olivenöl, Knoblauch, Zitronenschale, Kurkuma, Pfeffer und Safran vermischen. Weiter einen weichen Teig formen.

3. Drücken Sie mit den Fingern die Außenseite des Hähnchens in den Hohlraum. Hähnchen auf einen großen Teller

geben; Abdecken und mindestens 8 Stunden oder über Nacht im Kühlschrank lagern.

4. Den Ofen auf 425 °F vorheizen. Legen Sie die Zitronenspalten und Lorbeerblätter in die Hähnchenmulde. Binden Sie die Beine mit Küchengarn aus 100 % Baumwolle zusammen. Legen Sie die Flügel unter das Huhn. Führen Sie ein ofenfestes Fleischthermometer in die Innenseite des Oberschenkelmuskels ein, ohne den Knochen zu berühren. Legen Sie das Hähnchen in einen großen Bräter.

5. 15 Minuten backen. Reduzieren Sie die Ofentemperatur auf 375 °F. Backen Sie etwa eine Stunde lang weiter oder bis der Saft klar wird und ein mit Pergamentpapier abgedecktes Thermometer 175 °F anzeigt. Hören Sie 10 Minuten auf, bevor Sie mit dem Spielen beginnen.

HÜHNCHEN UMWICKELT MIT DESTILLIERTEM SALAT

VORBEREITUNG:40 Minuten Grillzeit: 1 Stunde 5 Minuten Ruhezeit: 10 Minuten: 4 Portionen

„SPATCHCOCK" IST EIN ALTER KULINARISCHER BEGRIFFIN JÜNGERER ZEIT WURDE ES WIEDERVERWENDET, UM EINEN KLEINEN VOGEL WIE EIN HUHN ODER EIN HUHN ZU BESCHREIBEN, DER VON HINTEN GEÖFFNET UND DANN WIE EIN BUCH GEÖFFNET UND FLACHGEDRÜCKT WERDEN MUSS, DAMIT ER SCHNELLER UND GLEICHMÄẞIGER GEGART WERDEN KANN. ES SIEHT AUS WIE EIN SCHMETTERLING, GILT ABER NUR FÜR VÖGEL.

HUHN

- 1 Poblano-Chili
- 1 Esslöffel fein gehackte Brühe
- 3 Knoblauchzehen, gehackt
- 1 Teelöffel fein abgeriebene Zitronenschale
- 1 Teelöffel fein abgeriebene Limettenschale
- 1 Teelöffel Piment (sieheRezept)
- 1 Teelöffel getrockneter Oregano, zerstoßen
- Ein Teelöffel Erde
- 1 Esslöffel Olivenöl
- 1 3–3,5 Pfund ganzes Huhn

SLAWISCH

- ½ mittelgroße Aubergine, geschält und in Julienne-Streifen geschnitten (ca. 3 Tassen)
- ½ Tasse dünn geschnittene rote Zwiebel (4)
- 1 Old Smith Apfel, geschält, entkernt und in Julienne-Streifen geschnitten
- ⅓ Tasse gehackter frischer Koriander

3 Esslöffel frischer Orangensaft
3 Esslöffel Olivenöl
1 Teelöffel Zitronenschale (siehe Rezept)

1. Bei einem Holzkohlegrill legen Sie mittelheiße Kohlen auf eine Seite des Grills. Stellen Sie eine Fettpfanne unter die freie Seite des Grills. Legen Sie die Poblanos bei mittlerer Hitze auf den Grill. 15 Minuten backen oder bis die Poblanos von allen Seiten gebräunt sind, dabei gelegentlich wenden. Poblano sofort mit Folie abdecken; 10 Minuten einwirken lassen. Öffnen Sie die Folie und schneiden Sie den Poblano der Länge nach in zwei Hälften. Stiel und Samen entfernen (siehe Abb Hinweis). Entfernen Sie die Haut vorsichtig mit einem scharfen Messer und entsorgen Sie sie. Den Poblano in kleine Stücke schneiden. (Bei Gasgrills den Grill vorheizen; Hitze auf mittlere Stufe reduzieren. Den indirekten Grill einstellen.

2. Für die Zwiebel Poblano, Knoblauch, Zwiebel, Zitronenschale, Limettenschale, Zwiebel, Oregano und Kreuzkümmel vermischen. Muss verheiratet sein; Gut vermischen, bis eine Paste entsteht.

3. Um das Hähnchen zu tranchieren, entfernen Sie den Hals und die Innereien vom Hähnchen (bewahren Sie es für andere Zwecke auf). Legen Sie die Hähnchenbrüste auf ein Schneidebrett. Schneiden Sie mit einer Küchenschere eine Seite des Rückens der Länge nach ab, beginnend am Halsende. Wiederholen Sie den Längsschnitt auf der gegenüberliegenden Seite der Wirbelsäule. Entfernen Sie den Rücken und entsorgen Sie ihn. Drehen Sie das Hähnchen um, mit der Hautseite nach oben. Drücken Sie

zwischen die Brüste, um das Brustbein aufzubrechen, sodass das Huhn flach liegt.

4. Schieben Sie auf einer Seite der Brust, beginnend am Hals, Ihre Finger zwischen Haut und Fleisch und lockern Sie die Haut, während Sie sich in Richtung Oberschenkel bewegen. Lösen Sie die Haut um den Oberschenkel. Auf der anderen Seite wiederholen. Reiben Sie das Fleisch mit den Fingern unter die Haut des Huhns.

5. Legen Sie die Hähnchenbrüste über den Bratenfett auf den Grill. Beschweren Sie zwei mit Folie ausgelegte Backstein- oder große Gusseisenpfannen. Abdecken und 30 Minuten grillen. Legen Sie die Hähnchenbrust auf einen Rost und beschweren Sie sie erneut in einem Backstein oder Topf. Zugedeckt weitere 30 Minuten grillen oder bis das Hähnchen nicht mehr rosa ist (175 °F Oberschenkel). Hähnchen vom Grill nehmen; 10 Minuten einwirken lassen. (Halten Sie das Hähnchen beim Gasgrillen von der Hitze fern. Grillen Sie wie oben.)

6. In der Zwischenzeit für den Salat Frühlingszwiebeln, Schnittlauch, Äpfel und Koriander in einer großen Schüssel vermengen. Orangensaft, Öl und Zitronenschale in einer kleinen Schüssel vermischen. Gießen Sie das Waschmittel darüber und vermischen Sie es, bis es bedeckt ist. Mit Hühnersalat servieren.

GEBACKENES HÄHNCHEN MIT WODKA, SENF UND TOMATENSAUCE

VORBEREITUNG: 15 Minuten zum Kochen: 15 Minuten zum Kochen: 30 Minuten zum Zubereiten: 4 Portionen

WODKA KANN AUS MEHREREN ZUTATEN HERGESTELLT WERDENEINE VIELZAHL VON LEBENSMITTELN, DARUNTER KARTOFFELN, MAIS, ROGGEN, WEIZEN UND GERSTE UND SOGAR WEINTRAUBEN. OBWOHL DIESE SOßE NICHT VIEL WODKA ENTHÄLT, SOLLTEN SIE BEI DER AUFTEILUNG AUF VIER PORTIONEN PRÜFEN, OB DER KARTOFFEL- ODER TRAUBENWODKA PALÄOFREUNDLICH IST.

- 3 Esslöffel Olivenöl
- 4 Hähnchenschenkel ohne Knochen oder Hähnchenschenkel mit Haut
- 1 28-Unzen-Dose, sonnengetrocknete, ungesalzene Pflaumentomaten
- ½ Tasse fein gehackte Zwiebel
- ½ Tasse fein gehackte Karotten
- 3 Knoblauchzehen, gehackt
- 1 Esslöffel mediterrane Gewürze (siehe Rezept)
- ⅛ Teelöffel Cayennepfeffer
- 1 frischer Pfeffer
- 2 Esslöffel Wodka
- 1 Esslöffel gehackter frischer Basilikum (optional)

1. Den Ofen auf 375 °F vorheizen. 2 Esslöffel Öl in einer großen Pfanne bei mittlerer bis hoher Hitze erhitzen. Hühnchen hinzufügen; Backen Sie es etwa 12 Minuten lang oder bis es braun und gleichmäßig gebräunt ist. Stellen Sie den Topf auf den vorgeheizten Herd. 20 Minuten backen.

2. In der Zwischenzeit die Tomaten für die Soße mit einer Küchenschere schneiden. Den restlichen 1 Esslöffel Öl in einem mittelgroßen Topf bei mittlerer Hitze erhitzen. Zwiebel, Sellerie und Knoblauch hinzufügen; 3 Minuten kochen lassen, dabei häufig umrühren. Tomatenwürfel, mediterrane Gewürze, Cayennepfeffer und Pfeffer in einer Schüssel vermischen. Bei mittlerer bis hoher Hitze zum Kochen bringen; reduziert Fieber. 10 Minuten köcheln lassen, dabei gelegentlich umrühren. Muss mit Wodka gemischt werden; noch 1 Minute kochen lassen; Pfefferspitzen entfernen und entsorgen.

3. Gießen Sie die Soße über das Huhn im Topf. Stellen Sie den Topf wieder auf den Herd. Etwa 10 Minuten lang rösten, bis das Huhn zart und nicht mehr rosa ist (175 °F). Nach Belieben mit Basilikum bestreuen.

POULET RÔTI UND RUTABAGA FRITES

VORBEREITUNG:40 Minuten zum Kochen: 40 Minuten zum Zubereiten: 4 Portionen

DIE STECKRÜBENKRAPFEN SIND KÖSTLICHMIT BRATHÄHNCHEN UND BEILAGEN SERVIEREN – ABER PUR UND MIT PALEO-KETCHUP (SIEHEREZEPT) ODER NACH BELGISCHER ART MIT PALÄO-AÏOLI (SIEHE KNOBLAUCHMAYONNAISE).REZEPT).

- 6 Esslöffel Olivenöl
- 1 Esslöffel mediterrane Gewürze (sieheRezept)
- 4 Hähnchenschenkel mit Knochen und Haut (insgesamt 1 Pfund)
- 4 Hähnchenschenkel, mit Haut (insgesamt 1 Pfund)
- 1 Tasse trockener Weißwein
- 1 Tasse Hühnerknochenbrühe (sieheRezept) oder ungesalzene Hühnersuppe
- 1 kleine Zwiebel
- Olivenöl
- 1½ Pfund Steckrüben
- 2 Esslöffel gehackter frischer Schnittlauch
- Schwarzer Pfeffer

1. Ofen auf 400 °F vorheizen. Mischen Sie 1 Esslöffel Olivenöl und mediterrane Gewürze in einer kleinen Schüssel. In die Hähnchenstücke einreiben. Erhitzen Sie 2 Esslöffel Öl in einer extragroßen Pfanne auf dem Herd. Die Hähnchenstücke mit der Fleischseite nach unten dazugeben. Ohne Deckel etwa 5 Minuten backen, bis sie goldbraun sind. Nehmen Sie die Pfanne vom Herd. Drehen Sie die gebratenen Hähnchenstücke mit der Seite nach oben. Wein, Hühnerbrühe und Zwiebel hinzufügen.

2. Legen Sie das Brett in den Ofen. 10 Minuten backen.

3. In der Zwischenzeit ein großes Backblech für die Bratkartoffeln leicht mit Olivenöl einfetten; beiseite legen, ignorieren. Pack den Bus. Schneiden Sie die Steckrüben mit einem scharfen Messer in ½-Zoll-Scheiben. Schneiden Sie die Scheiben der Länge nach in Streifen von einem halben Zoll Durchmesser. In einer großen Schüssel die Steckrübenstreifen mit den restlichen 3 Esslöffeln Öl vermengen. Steckrübenstreifen in einer Schicht auf dem vorbereiteten Backblech verteilen; auf den Ofen gestellt. 15 Minuten backen; Die Kartoffeln wenden. Backen Sie das Hähnchen weitere 10 Minuten oder bis es nicht mehr rosa ist (175 °F). Das Hähnchen aus dem Ofen nehmen. Backen Sie die Kartoffeln 5–10 Minuten lang oder bis sie braun und zart sind.

4. Mit Hühnchen und Zwiebeln aus dem Topf nehmen und den Saft auffangen. Hähnchen und Zwiebeln abdecken, damit sie warm bleiben. Bei mittlerer Hitze zum Kochen bringen; reduziert Fieber. Weitere ca. 5 Minuten köcheln lassen oder bis der Saft leicht reduziert ist.

5. Zum Servieren die Kartoffeln mit Tee beträufeln und mit Pfeffer würzen. Serviert mit Hühnersoße und Pommes.

DREIFACH-PILZ-COQ AU VIN-SCHNITTLAUCH-PÜREE MIT RUTABAGA

VORBEREITUNG:15 Minuten Garzeit: 1 Stunde 15 Minuten: Für 4–6 Personen

MANCHMAL GIBT ES EIN LOCHNACHDEM SIE DIE GETROCKNETEN PILZE EINGEWEICHT HABEN, WERDEN SIE DIE FLÜSSIGKEIT WAHRSCHEINLICH DURCH EIN DOPPELTES KÄSETUCH IN EINEM FEINEN SIEB ABSEIHEN.

Getrocknete Steinpilze oder Morcheln

1 Tasse kochendes Wasser

2 bis 2½ Pfund Hähnchenschenkel und -keulen mit Haut

Schwarzer Pfeffer

2 Esslöffel Olivenöl

2 mittelgroße Lauchstangen, doppelt so lang, gewaschen und in dünne Scheiben geschnitten

2 Portobello-Pilze, in Scheiben geschnitten

8 Unzen frische Champignons, entstielt und in Scheiben oder Würfel geschnitten

¼ Tasse ungesalzenes Tomatenmark

1 Teelöffel getrockneter Majoran, zerstoßen

1 Teelöffel getrockneter Thymian, zerstoßen

½ Tasse trockener Rotwein

6 Tassen Hühnerknochenbrühe (sieheRezept) oder ungesalzene Hühnersuppe

2 Schriftrollenblätter

2 bis 2½ Pfund Steckrüben, geschält und geschnitten

2 Esslöffel gehackter frischer Schnittlauch

Ein Teelöffel schwarzer Pfeffer

gehackter frischer Thymian (optional)

1. Brühe und kochendes Wasser in einer kleinen Schüssel vermischen; 15 Minuten einwirken lassen. Die Pilze herausnehmen und die Flüssigkeit auffangen. Den Pilz in

kleine Stücke schneiden. Pilze und Flüssigkeit beiseite stellen.

2. Das Hähnchen mit Pfeffer bestreuen. Erhitzen Sie 1 Esslöffel Olivenöl in einer extragroßen Pfanne mit dicht schließendem Deckel bei mittlerer bis hoher Hitze. Die Hähnchenteile im heißen Öl in zwei Portionen etwa 15 Minuten unter einmaligem Wenden goldbraun braten. Das Hähnchen aus dem Topf nehmen. Mit Lauch, Portobello-Pilzen und Austernpilzen vermengen. 4-5 Minuten kochen lassen oder bis die Pilze anfangen zu bräunen, dabei gelegentlich umrühren. Tomatenmark, Majoran und Cayennepfeffer mischen; kochen und 1 Minute rühren. Den Wein einrühren; kochen und 1 Minute rühren. 3 Tassen Hühnerknochenbrühe, Lorbeerblätter, ½ Tasse reservierte Pilzflüssigkeit und verflüssigte gehackte Pilze einrühren. Legen Sie das Huhn wieder auf den Teller. Koch es; reduziert Fieber. Etwa 45 Minuten kochen lassen.

3. In der Zwischenzeit die Steckrüben und die restlichen 3 Tassen Suppe in einem großen Topf vermengen. Bei Bedarf Wasser hinzufügen, um die Steckrüben leicht zu bedecken. Koch es; reduziert Fieber. 25–30 Minuten kochen lassen oder bis die Steckrüben weich sind, dabei gelegentlich umrühren. Die Steckrüben abtropfen lassen und die Flüssigkeit auffangen. Geben Sie die Steckrüben wieder auf den Teller. Den restlichen 1 Esslöffel Olivenöl, den Schnittlauch und den Teelöffel Pfeffer hinzufügen. Die Steckrübenmischung mit einem Kartoffelstampfer passieren und nach Bedarf Flüssigkeit hinzufügen, um die gewünschte Konsistenz zu erreichen.

4. Lorbeerblätter aus der Hühnermischung entfernen; Hähnchen und Soße über den zerstoßenen Steckrüben servieren. Nach Belieben mit frischem Kuchen bestreuen.

TROMMELSTÖCKE MIT PFIRSICH-COGNAC-GLASUR

VORBEREITUNG: 30-Minuten-Grill: 40 Minuten: 4 Portionen

DIESE HÄHNCHENSCHENKEL SIND UNGLAUBLICHEIN REZEPT FÜR TUNESISCHES, MIT GEWÜRZEN EINGERIEBENES SCHWEINEFILET MIT EINEM HERZHAFTEN SALAT UND WÜRZIGEN, IM OFEN GEBACKENEN SÜßKARTOFFEL-POMMES (SIEHEREZEPT). SIE WERDEN HIER MIT RETTICH, MANGO UND PANIERTEM KRAUTSALAT SERVIERT (SIEHEREZEPT).

PFIRSICH-BRANDY-GLASUR

- 1 Esslöffel Olivenöl
- ½ Tasse gehackte Zwiebel
- 2 frische mittelgroße Pfirsiche, halbiert, entkernt und in dünne Scheiben geschnitten
- 2 Esslöffel Brandy
- 1 Tasse BBQ-Sauce (sieheRezept)
- 8 Hähnchenschenkel (insgesamt 2–2½ Pfund), mit Haut

1. Das Olivenöl für die Glasur in einer mittelgroßen Pfanne bei mittlerer Hitze erhitzen. Zwiebel hinzufügen; Etwa 5 Minuten kochen lassen, dabei gelegentlich umrühren. Pfirsiche hinzufügen. Abdecken und unter gelegentlichem Rühren 4–6 Minuten kochen, bis die Pfirsiche weich sind. Brandy hinzufügen; 2 Minuten kochen lassen, dabei gelegentlich umrühren. Stellen wir ein paar Fragen. Geben Sie die Pfirsichmischung in einen Mixer oder eine Küchenmaschine. Abdecken und mixen oder verarbeiten, bis eine glatte Masse entsteht. BBQ-Sauce hinzufügen. Abdecken und mixen oder verarbeiten, bis eine glatte

Masse entsteht. Geben Sie die Soße wieder auf den Teller. Bei mittlerer Hitze kochen, bis alles durchgeheizt ist. Gießen Sie die Sauce in eine kleine Schüssel, um das Huhn damit zu bestreichen. Die restliche Soße zum gegrillten Hähnchen warm halten.

2. Zum Grillen mit Holzkohle legen Sie heiße Kohlen rund um den Grill aus. Versuchen Sie es bei mittlerer Hitze über einem Topf mit Wasser. Legen Sie die Hähnchenschenkel auf den Grillrost. 40–50 Minuten backen oder bis das Hähnchen nicht mehr rosa ist (175 °F) und mit ¾ Tasse Pfirsich-Brandy-Glasur begießen, dabei den Grill während der letzten 5–10 Minuten des Grillens nach der Hälfte der Zeit wenden. .

HÄHNCHEN MARINIERT IN CHILI-MANGO-MELONEN-SALAT

VORBEREITUNG: 40 Minuten. Kühlen/Marinieren: 2–4 Stunden. Grillen: 50 Minuten: 6–8 Portionen

ANCHO-CHILI GETROCKNETER POBLANO- LEUCHTENDE, TIEFGRÜNE CHILIS MIT EINEM SEHR FRISCHEN GESCHMACK. ANCHO-CHILIS HABEN EINEN APRIKOSEN- ODER ROSINENGESCHMACK UND EINEN LEICHT FRUCHTIGEN GESCHMACK MIT EINEM HAUCH BITTERKEIT. PAPRIKA AUS NEW MEXICO KÖNNEN MÄßIG SCHARF SEIN. WIR SEHEN SIE IM SÜDWESTEN IN TROPFEN UND IN RISTRAS HÄNGEN – EINER FARBENFROHEN ANORDNUNG TROCKNENDER KÄLTE.

HUHN

- 2 getrocknete New-Mexico-Chilis
- 2 getrocknete Ancho-Chilis
- 1 Tasse kochendes Wasser
- 3 Esslöffel Olivenöl
- 1 große süße Zwiebel, geschält und in dünne Scheiben geschnitten
- 4 Roma-Tomaten, in Scheiben geschnitten
- 1 Esslöffel gehackter Knoblauch (6 Zehen)
- 2 Teelöffel gemahlener Kreuzkümmel
- 1 Teelöffel getrockneter Oregano, zerstoßen
- 16 Hähnchenschenkel

SALAT

- 2 Tassen gewürfelte Melone
- 2 Tassen gewürfelter Honig
- 2 Tassen geschnittene Mangos
- ¼ Tasse frischer Limettensaft
- 1 Teelöffel Chilipulver

Ein Teelöffel Erde
¼ Tasse gehackter frischer Koriander

1. Stiele und Kerne vom getrockneten New-Mexico-Hähnchen entfernen. Eine große Pfanne bei mittlerer Hitze erhitzen. Braten Sie die Chilis in der Pfanne 1-2 Minuten lang an, bis sie duften und hell sind. Geben Sie den gekochten Tee in eine kleine Schüssel. Gießen Sie kochendes Wasser in die Pfanne. Mindestens 10 Minuten oder bis zur Verwendung ruhen lassen.

2. Heizen Sie den Grill vor. Einen Teller mit Aluminiumfolie auslegen; 1 Esslöffel Olivenöl auf Alufolie verteilen. Zwiebeln und Tomaten in den Topf geben. Etwa 10 cm von der Hitze entfernt etwa 6–8 Minuten lang backen, bis sie weich und verkohlt sind. Die Chili abtropfen lassen und das Wasser auffangen.

3. Chili, Zwiebel, Tomate, Knoblauch, Kreuzkümmel und Oregano in einer Küchenmaschine oder einem Mixer pürieren. Mit dem zurückbehaltenen Wasser auf die gewünschte Konsistenz verdünnen, abdecken und glatt rühren.

4. Legen Sie das Huhn in eine große, recycelbare Plastiktüte. Gießen Sie die Marinade über das Hähnchen im Beutel und drehen Sie den Beutel dann um, damit er gleichmäßig bedeckt ist. Im Kühlschrank 2–4 Stunden marinieren, dabei gelegentlich wenden.

5. Für den Salat in einer extra großen Schüssel Melone, Honig, Mango, Zitronensaft, 2 Esslöffel Olivenöl, Chilipulver, Kreuzkümmel und Koriander vermischen. Ziehen Sie eine

Jacke an. Abdecken und 1-4 Stunden im Kühlschrank lagern.

6. Ordnen Sie beim Holzkohlegrillen mittelheiße Kohlen rund um die Fettpfanne an. Versuchen Sie es mit mittlerer Hitze in der Pfanne. Das Hähnchen abtropfen lassen und die Marinade beiseite stellen. Legen Sie das Hähnchen auf den Grill im Ofen. Das Hähnchen großzügig mit etwas Marinade bestreichen (Überschuss wegwerfen). 50 Minuten lang backen oder bis das Hähnchen nicht mehr rosa ist (175 °F), dabei den Grill nach der Hälfte der Zeit einmal wenden. .

HÄHNCHENSCHENKEL NACH TANDOORI-ART MIT GURKEN-RAITA

VORBEREITUNG:20 Minuten Marinieren: 2–24 Stunden Kochen: 25 Minuten: 4 Portionen

RAITA WIRD AUS KAVA-NÜSSEN HERGESTELLTSAHNE, ZITRONENSAFT, SEMMELBRÖSEL, KORIANDER UND GURKE. ES GIBT DEM SCHARFEN UND WÜRZIGEN HÄHNCHEN EINE KÜHLENDE WIRKUNG.

HUHN

- 1 rote Zwiebel, in dünne Scheiben geschnitten
- 1 2-Zoll neue Kette, Gehäuse und Gehäuse
- 4 Knoblauchzehen
- 3 Esslöffel Olivenöl
- 2 Esslöffel frischer Zitronensaft
- 1 Teelöffel gemahlener Kreuzkümmel
- 1 Teelöffel Kurkuma
- ½ Esslöffel
- ½ Teelöffel gemahlener Zimt
- Ein Teelöffel schwarzer Pfeffer
- ¼ Teelöffel Cayennepfeffer
- 8 Hähnchenschenkel

OK, RAITA

- 1 Tasse Kakaocreme (siehe[Rezept](Rezept))
- 1 Esslöffel frischer Zitronensaft
- 1 Esslöffel gehackte frische Semmelbrösel
- 1 Esslöffel gehackter frischer Koriander
- Ein Teelöffel Erde
- Ein Teelöffel schwarzer Pfeffer
- 1 mittelgroße Gurke, geschält, geschält und gewürfelt (1 Tasse)
- Zitronenscheiben

1. Zwiebel, Ingwer, Knoblauch, Olivenöl, Zitronensaft, Kreuzkümmel, Kurkuma, Zwiebel, Zimt, schwarzen Pfeffer und Cayennepfeffer in einem Mixer oder einer Küchenmaschine vermischen. Abdecken und mixen oder verarbeiten, bis eine glatte Masse entsteht.

2. Stechen Sie mit der Kopfspitze vier- oder fünfmal in jeden Unterschenkel. Legen Sie die Oberschenkel in eine große wiederverwendbare Plastiktüte. Zwiebelmischung hinzufügen; verwandelt sich in eine Tür. Im Kühlschrank 2–24 Stunden lang marinieren, dabei den Beutel gelegentlich wenden.

3. Heizen Sie den Grill vor. Das Hähnchen aus der Marinade nehmen. Wischen Sie überschüssige Marinade mit einem Papiertuch von den Oberschenkeln. Legen Sie die Schenkel auf einen unbeheizten Grill oder auf ein mit Alufolie ausgelegtes Backblech. 15–20 cm von der Wärmequelle entfernt 15 Minuten backen. Drehen Sie Ihre Oberschenkel; Backen Sie es etwa 10 Minuten lang oder bis das Huhn nicht mehr rosa ist (175 °F).

4. Für die Raita Kava-Creme, Zitronensaft, Semmelbrösel, Koriander, Kreuzkümmel und schwarzen Pfeffer in einer mittelgroßen Schüssel vermischen. Vorsichtig mit der Zwiebel vermischen.

5. Mit Hähnchen-Raita und Zitronenspalten servieren.

CURRY-HÜHNEREINTOPF MIT WURZELGEMÜSE, SPARGEL UND BLAUBEEREN

VORBEREITUNG:30 Minuten Backen: 35 Minuten Stehen: 5 Minuten Zubereitung: 4 Portionen

2 Esslöffel raffiniertes Kokosöl oder Olivenöl
2 Pfund Hähnchenbrust ohne Knochen, Haut nach Wunsch
1 Tasse gehackte Zwiebel
2 Esslöffel geriebener frischer Ingwer
2 Esslöffel gehackter Knoblauch
2 Esslöffel ungesalzenes Currypulver
2 Esslöffel gehackte, entkernte Jalapeño (siehe AbbHinweis)
4 Tassen Hühnerknochenbrühe (sieheRezept) oder ungesalzene Hühnersuppe
2 mittelgroße Süßkartoffeln (ca. 1 Pfund), geschält und gewürfelt
2 mittelgroße Rüben (ca. 6 Unzen), geschält und geschnitten
1 Tasse gehackte Tomaten
8 Unzen Spargel, geputzt und in 2,5 cm lange Stücke geschnitten
1 13,5 Unzen natürliche Kokosmilch (z. B. Nature's Way)
½ Tasse gehackter frischer Koriander
Apfel-Minz-Geschmack (sieheRezept, unten)
Und die Boote

1. Öl in einem 6-Liter-Schmortopf bei mittlerer bis hoher Hitze erhitzen. Das Hähnchen sollte im heißen Öl explodieren und in etwa 10 Minuten braun werden. Hähnchen auf einen Teller geben; beiseite legen, ignorieren.

2. Reduzieren Sie die Hitze auf mittlere Stufe. Zwiebel, Ingwer, Knoblauch, Currypulver und Jalapeño in den Topf geben. Unter Rühren 5 Minuten kochen lassen oder bis die Zwiebel weich wird. Hühnerbrühe, Süßkartoffeln, Rüben und Tomaten einrühren. Geben Sie das Huhn wieder in

den Topf und tauchen Sie so viel Flüssigkeit wie möglich ein. Reduzieren Sie die Hitze auf mittel-niedrig. Abdecken und 30 Minuten köcheln lassen, bis das Hähnchen nicht mehr rosa und das Gemüse zart ist. Kokosmilch und Koriander unterrühren. Vom Herd nehmen. 5 Minuten einwirken lassen. Schneiden Sie das Hähnchen bei Bedarf von den Knochen ab, um es gleichmäßig auf die Servierteller zu verteilen. Mit Apfelblättern und Limettenspalten servieren.

Apfel-Minz-Geschmack: Mischen Sie eine halbe Tasse ungesüßte Kokosnussflocken in einer Küchenmaschine. 1 Tasse frische Korianderblätter hinzufügen und dämpfen; 1 Tasse frische Semmelbrösel; 1 Old Smith Apfel, geschält und geschnitten; 2 Teelöffel gehackte, entkernte Jalapeño (siehe Hinweis); und 1 Esslöffel frischer Limettensaft. Alles glatt rühren.

GEMISCHTER HÜHNCHEN-PAILLARD-SALAT, HIMBEEREN, KAROTTEN UND GERÖSTETE MANDELN

VORBEREITUNG:30 Minuten Backen: 45 Minuten Marinieren: 15 Minuten Grillen: 8 Minuten Zubereitung: 4 Portionen

½ Tasse Mandeln

1 Esslöffel Olivenöl

1 mittelgroße rote Karotte

1 mittelgroßer Goldknopf

2 6-8 Unzen Hähnchenbrust ohne Knochen und Haut

2 Tassen frische oder gefrorene Himbeeren, aufgetaut

3 Esslöffel Weiß- oder Rotweinessig

2 Esslöffel gehackter frischer Estragon

1 Esslöffel gehackter Schnittlauch

1 Teelöffel Dijon-Senf (siehe Rezept)

¼ Tasse Olivenöl

Schwarzer Pfeffer

8 Tassen Frühlingssalat

1. Für die Mandeln den Ofen auf 200 °C vorheizen. Die Mandeln auf einem kleinen Teller verteilen und mit ½ Teelöffel Olivenöl vermengen. Etwa 5 Minuten backen oder bis es duftet und goldbraun ist. Bleib cool. (Mandeln können bis zu 2 Tage im Voraus geröstet und in einem luftdichten Behälter aufbewahrt werden.)

2. Jede Rote Bete in Folie einwickeln und jeweils mit Olivenöl bestreichen. Wickeln Sie eine große Menge Aluminiumfolie um den Reis und legen Sie ihn auf einen Teller oder Teller. Die Rüben in einem auf 200 °C vorgeheizten Ofen 40–50 Minuten lang rösten, bis sie mit einem Messer durchbohrt sind. Aus dem Ofen nehmen

und ausreichend abkühlen lassen. Entfernen Sie die Haut mit einem Messer. Die Karotte in Scheiben schneiden und beiseite stellen. (Rühren Sie die Mischung nicht um, damit die Rüben nicht goldbraun werden. Sie können die Rüben bis zu 1 Tag im Voraus rösten und im Kühlschrank aufbewahren. Lassen Sie sie vor dem Servieren bei Zimmertemperatur ruhen.)

3. Für das Hähnchen jede Hähnchenbrust waagerecht halbieren. Legen Sie jedes Hähnchenstück zwischen zwei Stücke Plastikfolie. Mit einem Fleischhammer vorsichtig auf eine Dicke von ¾ Zoll glätten. Das Hähnchen auf einen Teller legen und beiseite stellen.

4. Für die Vinaigrette in einer großen Schüssel ¾ Tasse Himbeeren mit einer Gabel leicht zerdrücken (die restlichen Himbeeren für den Salat aufbewahren). Essig, Estragon, Zwiebel und Dijon-Senf hinzufügen; mit Stäbchen vermischt. ¼ Tasse Olivenöl in einem dünnen Strahl hinzufügen und gut vermischen. Eine halbe Tasse Vinaigrette über das Hähnchen träufeln; Hühnchen wenden (die restliche Vinaigrette für den Salat aufbewahren). Die Hähnchenbrust 15 Minuten bei Zimmertemperatur marinieren. Hähnchen aus der Marinade nehmen und mit Pfeffer würzen; Restliche Marinade im Topf entsorgen.

5. Bei einem Holzkohlegrill oder Gasgrill legen Sie das Hähnchen bei mittlerer Hitze direkt auf den Grill. Abdecken und 8-10 Minuten grillen oder bis das Hähnchen nicht mehr rosa ist, dabei nach der Hälfte der

Grillzeit einmal wenden. (Das Hähnchen kann gegrillt werden.)

6. In einer großen Schüssel Salat, Rüben und die restlichen 1¼ Tassen Himbeeren vermischen. Die reservierte Vinaigrette über den Salat träufeln; vorsichtig umrühren. Den Salat auf vier Teller verteilen; jeweils mit einem Stück gegrillter Hähnchenbrust belegt. Die blanchierten Mandeln grob hacken und darüber streuen. Sofort servieren.

HÄHNCHENBRUST GEFÜLLT MIT BROKKOLI, FRISCHER TOMATENSAUCE UND CAESAR-SALAT

VORBEREITUNG: 40 Minuten zum Kochen: 25 Minuten: 6 Portionen

3 Esslöffel Olivenöl
2 Teelöffel gehackter Knoblauch
¼ Teelöffel zerstoßener roter Pfeffer
1 Pfund Broccoli Rabe, geputzt und geputzt
½ Tasse ungesalzene goldene Rosinen
½ Tasse Wasser
4 5-Unzen-Hähnchenbrusthälften ohne Haut und Knochen
1 Tasse gehackte Zwiebel
3 Tassen gehackte Tomaten
¼ Tasse gehacktes frisches Basilikum
2 Teelöffel Rotweinessig
3 Esslöffel frischer Zitronensaft
2 Esslöffel Paleo Mayo (siehe Rezept)
2 Teelöffel Dijon-Senf (siehe Rezept)
1 Teelöffel gehackter Knoblauch
Ein Teelöffel schwarzer Pfeffer
¼ Tasse Olivenöl
10 Tassen gehackter Römersalat

1. 1 Esslöffel Olivenöl in einem großen Topf bei mittlerer bis hoher Hitze erhitzen. Knoblauch und gehackte rote Paprika hinzufügen; 30 Sekunden kochen lassen oder bis es duftet. Den gehackten Brokkoli, die Rosinen und eine halbe Tasse Wasser hinzufügen. Abdecken und kochen, bis der Brokkoli zusammengefallen und zart ist, etwa 8 Minuten. Nehmen Sie den Deckel vom Topf ab; Lassen Sie

überschüssiges Wasser nicht verdunsten. Man legt es beiseite, man ignoriert es.

2. Für die Brötchen jede Hähnchenbrust der Länge nach halbieren; Legen Sie jedes Stück zwischen zwei Lagen Plastikfolie. Klopfen Sie das Hähnchen mit der flachen Seite eines Fleischwolfs leicht auf eine Dicke von ¼ Zoll. Geben Sie ¼ Tasse Broccoli-Rabe-Mischung auf das kurze Ende jeder Rolle. Falten Sie die Seiten ein, um die Füllung vollständig zu bedecken. (Das Brötchen kann bis zu 1 Tag im Voraus zubereitet und bis zum Kochen im Kühlschrank aufbewahrt werden.)

3. 1 Esslöffel Olivenöl in einer großen Pfanne bei mittlerer bis hoher Hitze erhitzen. Rollen hinzufügen, Seite nach unten nähen. Etwa 8 Minuten kochen lassen, dabei während des Garens zwei- bis dreimal wenden. Übertragen Sie die Rollen auf einen Teller.

4. Für die Sauce den restlichen 1 Esslöffel Olivenöl in einer Pfanne bei mittlerer Hitze erhitzen. Zwiebel hinzufügen; etwa 5 Minuten kochen lassen oder bis es durchscheinend ist. Mit Tomaten und Basilikum vermengen. Legen Sie die Brötchen in die Pfanne und legen Sie sie auf die Soße. Bei mittlerer bis hoher Hitze zum Kochen bringen; reduziert Fieber. Abdecken und etwa 5 Minuten kochen lassen oder bis die Tomaten zu zerfallen beginnen und die Rolle durchgeheizt ist.

5. Für das Dressing Zitronensaft, Paläo-Mayonnaise, Dijon-Senf, Knoblauch und schwarzen Pfeffer vermischen. Gießen Sie ¼ Tasse Olivenöl hinein und verrühren Sie alles, bis alles gut vermischt ist. Gießen Sie das Dressing

zusammen mit dem gehackten Römersalat in eine große Schüssel. Zum Servieren den Römersalat auf sechs Teller verteilen. Die Rouladen schneiden und den Römersalat anrichten; Mit Ketchup beträufeln.

GEGRILLTES HÄHNCHEN-SHAWARMA, GARNIERT MIT WÜRZIGEM GEMÜSE UND PINIENKERNSAUCE

VORBEREITUNG:20 Minuten Marinieren: 30 Minuten Grillen: 10 Minuten Zubereitung: 8 Portionen (4 Portionen)

- 2,5 Zentimeter große Hähnchenbrusthälften ohne Haut und Knochen, in 5 Zentimeter große Stücke geschnitten
- 5 Esslöffel Olivenöl
- 2 Esslöffel frischer Zitronensaft
- 1 Esslöffel Kreuzkümmel
- 1 Teelöffel gehackter Knoblauch
- 1 Esslöffel
- ½ TL Currypulver
- ½ Teelöffel gemahlener Zimt
- ¼ Teelöffel Cayennepfeffer
- 1 mittelgroße Blaubeere, halbiert
- 1 kleine Aubergine, in ½-Zoll-Scheiben geschnitten
- 1 große gelbe Paprika, halbiert und entkernt
- 1 mittelgroße rote Zwiebel, geviertelt
- 8 Kirschtomaten
- 8 große Salatblätter
- Geröstete Pinienkernsauce (sieheRezept)
- Zitronenscheiben

1. Für die Marinade 3 Esslöffel Olivenöl, Zitronensaft, 1 Teelöffel Kreuzkümmel, Knoblauch, ½ Teelöffel Paprika, Currypulver, ¼ Teelöffel Zimt und Cayennepfeffer in einer kleinen Schüssel vermischen. Legen Sie die Hähnchenteile in eine große, recycelbare Plastiktüte. Die Marinade über das Hähnchen gießen. Beutel verschließen; Eine Tasche in

einen Mantel verwandeln. 30 Minuten im Kühlschrank marinieren, dabei den Beutel gelegentlich wenden.

2. Hähnchen aus der Marinade nehmen; Werfen Sie die Marinade weg. Das Hähnchen auf vier lange Spieße stecken.

3. Zucchini, Aubergine, Paprika und Zwiebel auf ein Backblech legen. Mit 2 EL Olivenöl beträufeln. Mit dem restlichen ¾ Teelöffel Kreuzkümmel, dem restlichen Teelöffel Paprika und dem restlichen ¼ Teelöffel Zimt bestreuen; Gemüse leicht umrühren. Die Tomaten auf zwei Spieße stecken.

3. Für einen Holzkohlegrill oder Gasgrill legen Sie das Hähnchen und die Tomaten- und Gemüsewürfel bei mittlerer Hitze auf den Grill. Kochen, bis das Hähnchen nicht mehr rosa ist und das Gemüse leicht verkohlt ist, dabei einmal wenden und den Grill abdecken. Warten Sie 10–12 Minuten für Hühnchen, 8–10 Minuten für Gemüse und 4 Minuten für Tomaten.

4. Das Hähnchen vom Spieß nehmen. Hähnchenbrust in Stücke schneiden, Zwiebel, Aubergine und Paprika in entsprechende Stücke schneiden. Tomaten vom Spieß nehmen (nicht schneiden). Hähnchen und Gemüse auf einem Teller anrichten. Zum Servieren etwas Hühnchen und Gemüse auf ein Salatblatt geben; Mit gerösteter Pinienkernsauce bestreuen. Mit Zitronenspalten servieren.

GEBACKENE HÄHNCHENBRUST MIT PILZEN, KARTOFFELPÜREE MIT KNOBLAUCH UND GERÖSTETER SPARGEL

VOM START ZUM ZIEL: Zubereitungszeit 50 Minuten: 4 Portionen

- 4 10-12 Unzen Hähnchenbrust, mit Haut
- 3 Tassen kleine weiße Champignons
- 1 Tasse dünn geschnittener Lauch oder gelbe Zwiebeln
- 2 Tassen Hühnerknochenbrühe (siehe Rezept) oder ungesalzene Hühnersuppe
- 1 Tasse trockener Weißwein
- 1 großer Thymian
- Schwarzer Pfeffer
- Weißweinessig (optional)
- 1 Kopf in Wimpern geschnitten
- 12 Knoblauchzehen mit Schale
- 2 Esslöffel Olivenöl
- Weißer oder Cayennepfeffer
- 1 Pfund Spargel, geputzt
- 2 Teelöffel Olivenöl

1. Ofen auf 400 °F vorheizen. Hähnchenbrust in eine 3-Liter-Quadratform geben; Pilze und Lauch. Gießen Sie das Huhn und das Gemüse mit der Hühnerknochenbrühe und dem Wein. Den Kuchen rundum bestreuen und mit schwarzem Pfeffer bestreuen. Decken Sie die Pfanne mit Folie ab.

2. 35–40 Minuten backen oder bis ein sofort ablesbares Thermometer, das in das Hähnchen eingesetzt wird, 170 °F anzeigt. Die Thymianzweige entfernen und wegwerfen. Bei Bedarf die Suppe vor dem Servieren mit Essig beträufeln.

2. In der Zwischenzeit den Kohl und den Knoblauch in einem großen Topf etwa 10 Minuten lang in kochendem Wasser kochen, bis sie sehr weich sind. Kohl und Knoblauch sowie 2 Esslöffel der Kochflüssigkeit abgießen. Geben Sie den Kohl und die übrig gebliebene Kochflüssigkeit in eine Küchenmaschine oder eine große Rührschüssel. Glätten* oder mit einem Kartoffelstampfer zerstampfen; 2 Esslöffel Olivenöl vermischen und mit weißem Pfeffer abschmecken. Bis zum Servieren warm halten.

3. Legen Sie den Spargel in einer Schicht auf das Backblech. Mit 2 Teelöffeln Olivenöl beträufeln und abdecken. Mit schwarzem Pfeffer bestreuen. In einem Ofen bei etwa 400 °F. Einmal umrühren und 8 Minuten kochen lassen.

4. Den zerkleinerten Kohl auf sechs Teller verteilen. Hähnchen, Pilze und Lauch darauf legen. Etwas Flüssigkeit darüberträufeln; serviert mit geröstetem Spargel.

*Hinweis: Seien Sie vorsichtig, wenn Sie eine Küchenmaschine verwenden, sonst wird der Teig zu dünn.

HÜHNERSUPPE NACH THAILÄNDISCHER ART

VORBEREITUNG: 30 Minuten. Einfrieren: 20 Minuten. Backen: 50 Minuten. Zubereitung: 4-6 Portionen

TAMARINDE IST EINE SÜß-SAURE FRUCHTWIRD IN DER INDISCHEN, THAILÄNDISCHEN UND MEXIKANISCHEN KÜCHE VERWENDET. DIE MEISTEN KOMMERZIELL HERGESTELLTEN VOLLKORNGEBÄCKE ENTHALTEN ZUCKER – KAUFEN SIE UNBEDINGT EINES, DAS KEINEN ZUCKER ENTHÄLT. KAFFERNLIMETTENBLÄTTER SIND AUF DEN MEISTEN ASIATISCHEN MÄRKTEN FRISCH, GEFROREN UND GETROCKNET ERHÄLTLICH. WENN SIE SIE NICHT FINDEN KÖNNEN, ERSETZEN SIE DIE BLÄTTER IN DIESEM REZEPT DURCH 1½ TEELÖFFEL FEIN GEHACKTE LIMETTENSCHALE.

- 2 Zitronen, in Scheiben geschnitten
- 2 Esslöffel unraffiniertes Kokosöl
- ½ Tasse dünn geschnittene Schalotten
- 3 Knoblauchzehen, in dünne Scheiben geschnitten
- 8 Tassen Hühnerknochenbrühe (siehe Rezept) oder ungesalzene Hühnersuppe
- ¼ Tasse Vollkornpaste (z. B. Marke Tamicon)
- 2 Esslöffel Nori-Flocken
- 3 frische Thai-Chilis, entkernt und in dünne Scheiben geschnitten (siehe Abb Hinweis)
- 3 Kaffernlimettenblätter
- 1 3-Zoll-Stück Käse, in dünne Scheiben geschnitten
- Eine halbe 4-Unzen-Hähnchenbrust ohne Haut und Knochen
- 1 Dose 14,5 Unzen ungesalzene, feuergeröstete Tomatenwürfel
- 6 Unzen Spargelstangen, geputzt und schräg in dünne Scheiben in ½-Zoll-Stücke geschnitten
- ½ Tasse verpackte Thai-Basilikumblätter (siehe markieren)

1. Reiben Sie die Zitronenscheibe mit der Rückseite eines Messers und mit viel Druck ein. Die Frühlingszwiebeln in dünne Scheiben schneiden.

2. Das Kokosöl in einer Pfanne bei mittlerer Hitze erhitzen. Zitrone und Zwiebel hinzufügen; Unter häufigem Rühren 8–10 Minuten kochen lassen. Knoblauch hinzufügen; 2-3 Minuten kochen lassen oder bis ein starker Duft entsteht.

3. Hühnerbrühe, Tamdir-Paste, Nori, Chili, Limettenblätter und Ingwer hinzufügen. Koch es; reduziert Fieber. Abdecken und 40 Minuten köcheln lassen.

4. In der Zwischenzeit das Hähnchen 20–30 Minuten einfrieren, bis es fest ist. Hähnchen in dünne Scheiben schneiden.

5. Die Suppe durch ein feines Sieb in einen großen Topf abseihen und mit der Rückseite eines großen Löffels andrücken, um die Aromen freizusetzen. Feststoffe entsorgen. Kochen Sie die Suppe. Mit Hühnchen, getrockneten Tomaten, Spargel und Basilikum vermengen. Fieber senken; 2-3 Minuten köcheln lassen oder bis das Hähnchen gar ist. Sofort servieren.

ZITRONE UND TRADITIONELLES GEBRATENES HÄHNCHEN MIT ENDIVIE

VORBEREITUNG:15 Minuten zum Kochen: 55 Minuten zum Stehen: 5 Minuten zum Zubereiten: 4 Portionen

ZITRONENSCHEIBEN UND LORBEERBLÄTTERWENN WIR ES UNTER DIE HAUT DES HUHNS LEGEN, WÜRZEN WIR DAS FLEISCH WÄHREND DES BRATENS UND ERZEUGEN SO EINZIGARTIGE MUSTER UNTER DER GESCHWOLLENEN, TRANSPARENTEN HAUT DIREKT NACH DEM OFEN.

4 Hähnchenbrustfilets mit Knochen (mit Haut)

1 Zitrone, sehr dünn geschnitten

4 große, regelmäßige Blätter

2 Teelöffel Olivenöl

2 Portionen mediterrane Gewürze (siehe Rezept)

Ein Teelöffel schwarzer Pfeffer

2 Esslöffel natives Olivenöl extra

2 abgeschnitten

2 Knoblauchzehen, gehackt

4 Schalotten, der Länge nach halbieren

1. Ofen auf 400 °F vorheizen. Entfernen Sie mit einem Skalpell sehr vorsichtig die Haut von beiden Brüsten und legen Sie sie beiseite. Auf jede Brust 2 Zitronenscheiben und 1 Lorbeerblatt legen. Ziehen Sie die Haut vorsichtig zurück und üben Sie leichten Druck aus, um sie zu schützen.

2. Legen Sie das Hähnchen in eine flache Pfanne. Hähnchen mit 2 Teelöffeln Olivenöl bestreichen; Mit mediterranen Gewürzen und ¼ Teelöffel Pfeffer würzen. Etwa 55

Minuten lang backen, oder bis die Haut gebräunt und aufgebläht ist und ein in das Hähnchen eingesetztes sofort ablesbares Thermometer 170 °F anzeigt. Lassen Sie das Hähnchen vor dem Servieren 10 Minuten ruhen.

3. In der Zwischenzeit 2 Esslöffel Olivenöl in einer großen Pfanne bei mittlerer Hitze erhitzen. Fügen Sie die Bindestriche hinzu. etwa 2 Minuten kochen lassen oder bis es durchscheinend ist. Den Endivien mit dem restlichen ¼ Teelöffel Pfeffer bestreuen. Den Knoblauch in den Topf geben. Den Endivien in die Pfanne legen und halbieren. Etwa 5 Minuten backen oder bis es goldbraun ist. Drehen Sie das Ende vorsichtig; weitere 2-3 Minuten kochen lassen oder bis es weich ist. Mit Hühnchen servieren.

HÄHNCHEN MIT ROTEN ZWIEBELN, BRUNNENKRESSE UND RADIESCHEN

VORBEREITUNG:20 Minuten Backen: 8 Minuten Kochen: 30 Minuten Zubereitung: 4 Portionen

OBWOHL ES SELTSAM ERSCHEINEN MAG, RADIESCHEN ZU KOCHEN,HIER KOCHEN SIE KAUM – GERADE GENUG, UM DIE PAPRIKA WEICH UND LEICHT WEICH ZU MACHEN.

- 3 Esslöffel Olivenöl
- 4 10-12 Unzen Hähnchenbrust mit Knochen (mit Haut)
- 1 Esslöffel Zitronenschale (sieheRezept)
- ¾ Tasse gehackte Zwiebel
- 6 Radieschen in dünne Scheiben geschnitten
- ¼ Teelöffel schwarzer Pfeffer
- ½ Tasse trockener weißer Wermut oder trockener Weißwein
- ⅓ Tasse Kakaocreme (sieheRezept)
- 1 Gruppe Reservoir, schneiden, schneiden, ca
- 1 Esslöffel gehackte frische Zwiebel

1. Backofen auf 350 °F vorheizen. Das Olivenöl in einer großen Pfanne bei mittlerer bis hoher Hitze erhitzen. Tupfen Sie das Huhn mit einem trockenen Papiertuch trocken. Braten Sie die Hähnchenbrust mit der Haut 4–5 Minuten lang an oder bis die Haut goldbraun und geschwollen ist. Das Hähnchen wenden; etwa 4 Minuten kochen lassen oder bis sie goldbraun sind. Legen Sie die Hähnchenbrüste mit der Haut nach unten in eine flache Pfanne. Hähnchen mit Zitronenschale bestreuen. Etwa 30 Minuten lang backen oder bis ein sofort ablesbares Thermometer, das in das Hähnchen eingeführt wird, 170 °F anzeigt.

2. An diesem Punkt alle Bratenfette bis auf einen Esslöffel abgießen; zurück, um die Pfanne zu erhitzen. Zwiebel und Radieschen hinzufügen; etwa 3 Minuten kochen lassen oder bis die Zwiebel weich ist. Mit Pfeffer bestreuen. Den Wermut dazugeben und umrühren, um die braunen Stücke aufzubrechen. Koch es; kochen, bis es reduziert und leicht eingedickt ist. Kaffeesahne einrühren; Koch es. Den Topf vom Herd nehmen; Brühe und Zwiebel dazugeben und vorsichtig umrühren, bis sich das Wasser aufgelöst hat. Die restliche Hühnerbrühe in der Auflaufform verrühren.

3. Die rote Zwiebelmischung auf vier Teller verteilen; Huhn

CHICKEN TIKKA MASALA

VORBEREITUNG:30 Minuten Marinieren: 4–6 Stunden Kochen: 15 Minuten Kochen: 8 Minuten Zubereitung: 4 Portionen

ES IST VOM BERÜHMTESTEN INDISCHEN GERICHT INSPIRIERTES WURDE TATSÄCHLICH IN EINEM INDISCHEN RESTAURANT IN ENGLAND HERGESTELLT, NICHT IN INDIEN. WIE BEIM TRADITIONELLEN CHICKEN TIKKA MASALA WIRD DAS HUHN IN JOGHURT MARINIERT UND DANN IN EINER WÜRZIGEN TOMATENSAUCE MIT SAHNE GEGART. DA KEINE MILCH DEN GESCHMACK DER SAUCE BEEINTRÄCHTIGT, HAT DIESE VERSION EINEN DEUTLICH REINEN GESCHMACK. SIE SOLLTEN REIS ANSTELLE VON REIS ESSEN.

- 1½ Pfund Hähnchenschenkel oder Hähnchenbrust ohne Haut und Knochen
- ¾ Tasse natürliche Kokosmilch (wie Nature's Way)
- 6 Knoblauchzehen, gehackt
- 1 Esslöffel geriebener frischer Ingwer
- 1 Esslöffel
- 1 Esslöffel
- 1 Teelöffel gemahlener Kreuzkümmel
- ¼ Teelöffel gemahlene Kartoffeln
- 4 Esslöffel raffiniertes Kokosöl
- 1 Tasse gehackter Sellerie
- 1 dünn geschnittener Sellerie
- ½ Tasse gehackte Zwiebel
- 2 Jalapeño- oder Serrano-Chilis, entkernt (bei Bedarf) und gehackt (siehe AbbHinweis)
- 1 Dose 14,5 Unzen ungesalzene, feuergeröstete Tomatenwürfel
- Kann 1 Unze ungesalzenen Ketchup herstellen
- 1 Teelöffel ungesalzenes schwarzes Masala
- 3 mittelgroße Zimmer
- Ein Teelöffel schwarzer Pfeffer

Frische Korianderblätter

1. Wenn Sie Hähnchenschenkel verwenden, schneiden Sie jeden Schenkel in drei Stücke. Wenn Sie Hähnchenbrusthälften verwenden, schneiden Sie jede Brusthälfte in 5 cm große Stücke und schneiden Sie die dickeren Stücke horizontal ab, um sie dünner zu machen. Legen Sie das Huhn in eine große Plastiktüte. beiseite legen, ignorieren. Für die Marinade ½ Tasse Kokosmilch, Knoblauch, Ingwer, Koriander, Paprika, Kreuzkümmel und Kardamom in einer kleinen Schüssel vermischen. Gießen Sie die Marinade über das Huhn im Beutel. Schließen Sie den Beutel und wenden Sie ihn, um das Huhn zu bestreichen. Legen Sie den Beutel in eine mittelgroße Schüssel. Im Kühlschrank 4–6 Stunden marinieren, dabei den Beutel gelegentlich wenden.

2. Heizen Sie den Grill vor. 2 Esslöffel Kokosöl in einer großen Pfanne bei mittlerer Hitze erhitzen. Salat, Sellerie und Zwiebeln; 6-8 Minuten kochen lassen oder bis das Gemüse weich ist, dabei gelegentlich umrühren. Jalapeños hinzufügen; kochen und noch 1 Minute rühren. Tomaten und Tomatensauce hinzufügen. Koch es; reduziert Fieber. Etwa 5 Minuten köcheln lassen oder bis die Sauce leicht eindickt.

3. Das Hähnchen abtropfen lassen und die Marinade hinzufügen. Legen Sie die Hähnchenstücke in einer einzigen Schicht auf einen unbeheizten Grill. Bei einer Hitze von 12 bis 25 cm 8 bis 10 Minuten braten, oder bis das Huhn nicht mehr rosa ist. Geben Sie die gekochten Hähnchenstücke und die restliche ¼ Tasse Kokosmilch zur Tomatenmischung im Topf. 1-2 Minuten kochen

lassen oder bis es durchgeheizt ist. Vom Herd nehmen; Garam Masala untermischen.

4. Schneiden Sie das Ende der Kruste ab. Das Dressing mit einem Julienneschneider in lange, dünne Streifen schneiden. Erhitzen Sie die restlichen 2 Esslöffel Kokosöl in einer schweren Pfanne bei mittlerer bis hoher Hitze. Frühlingszwiebeln und schwarzen Pfeffer hinzufügen. 2-3 Minuten kochen lassen oder bis die Mischung knusprig und weich ist.

5. Zum Servieren auf vier Teller verteilen. Mit der Hühnermischung belegen. Mit Korianderblättern garnieren.

RAS EL HANOUT HÄHNCHENSCHENKEL

VORBEREITUNG: 20 Minuten zum Kochen: 40 Minuten: 4 Portionen

ECHTES EL HANOUT IST KOMPLIZIERTUND EINE MISCHUNG AUS EXOTISCHEN MAROKKANISCHEN GEWÜRZEN. DAS WORT BEDEUTET AUF ARABISCH „LADENCHEF" UND WEIST DARAUF HIN, DASS DIESER PARFÜMEUR EINE EINZIGARTIGE MISCHUNG DER BESTEN DÜFTE IM ANGEBOT HAT. ES GIBT KEIN FESTES REZEPT FÜR RAS EL HANOUT, ABER ES ENTHÄLT OFT EINE MISCHUNG AUS INGWER, ANIS, ZIMT, MUSKATNUSS, PFEFFER, NELKEN, KARDAMOM, GETROCKNETEN BLUMEN (WIE LAVENDEL UND ROSE), SCHWARZKÜMMEL, NELKEN, GALGANT UND KURKUMA.

- 1 Esslöffel gemahlener Kreuzkümmel
- 2 Teelöffel gemahlener Ingwer
- 1½ Teelöffel schwarzer Pfeffer
- 1½ Teelöffel gemahlener Zimt
- 1 Esslöffel
- 1 Teelöffel Cayennepfeffer
- 1 Teelöffel gemahlener Pfeffer
- ½ Teelöffel gemahlene Kochbananen
- ¼ Teelöffel Erdnüsse
- 1 Teelöffel Safran (optional)
- 4 Esslöffel unraffiniertes Kokosöl
- 8 Hähnchenschenkel ohne Knochen
- 1 8-Unzen-Paket frische Pilze, in Scheiben geschnitten
- 1 Tasse gehackte Zwiebel
- 1 Tasse gewürfelte rote, gelbe oder grüne Paprika (1 große)
- 4 Roma-Tomaten, entkernt, geschält und gehackt
- 4 Knoblauchzehen, gehackt

2 13,5-Unzen-Dosen natürliche Kokosmilch (wie Nature's Way).
3-4 Esslöffel frischer Limettensaft
¼ Tasse fein gehackter frischer Koriander

1. Für das Ras el Hanout Kreuzkümmel, Ingwer, schwarzen Pfeffer, Zimt, Koriander, Cayennepfeffer, Zwiebel, Knoblauch, Walnüsse und, falls gewünscht, den Safran in einem mittelgroßen Topf oder einer kleinen Schüssel vermengen. Mit einem Spatel oder Löffel gut vermischen. Man legt es beiseite, man ignoriert es.

2. 2 Esslöffel Kokosöl in einer extragroßen Pfanne bei mittlerer bis hoher Hitze erhitzen. Hähnchenschenkel mit 1 Esslöffel Ras el Hanout bestreuen. Hühnchen in den Topf geben; 5-6 Minuten lang backen oder bis sie goldbraun sind, nach der Hälfte der Zeit einmal begießen. Hähnchen aus dem Topf nehmen; warm halten.

3. Im selben Topf die restlichen 2 Esslöffel Kokosöl bei mittlerer Hitze erhitzen. Pilze, Zwiebeln, Paprika, Tomaten und Knoblauch hinzufügen. Etwa 5 Minuten kochen lassen oder bis das Gemüse weich ist. Kokosmilch, Limettensaft und 1 Esslöffel Ras al Hanout verrühren. Legen Sie das Huhn wieder auf den Teller. Koch es; reduziert Fieber. Etwa 30 Minuten backen oder bis das Hähnchen zart ist (175 °F).

4. Hähnchen, Gemüse und Soße auf Tellern anrichten. Mit Koriander garnieren.

Hinweis: Restliches Ras el Hanout bis zu 1 Monat in einem verschlossenen Behälter aufbewahren.

STARFRUIT-ADOBO-HÄHNCHENSCHENKEL AUF GEDÄMPFTEM SPINAT

VORBEREITUNG:40 Minuten Marinieren: 4–8 Stunden Kochen: 45 Minuten Zubereitung: 4 Portionen

TUPFEN SIE DAS HÄHNCHEN BEI BEDARF TROCKENVOR DEM BRATEN, MIT EINEM PAPIERTUCH NACH DEM HERAUSNEHMEN AUS DER MARINADE. DIE AUF DEM FLEISCH VERBLEIBENDE FLÜSSIGKEIT WIRD IN DAS HEIßE ÖL GESPRITZT.

Hähnchenschenkel mit Knochen (1½2 Pfund), mit Haut

¾ Tasse Weiß- oder Apfelessig

¾ Tasse frischer Orangensaft

½ Tasse Wasser

¼ Tasse gehackte Zwiebel

¼ Tasse gehackter frischer Koriander

4 Knoblauchzehen, gehackt

Ein Teelöffel schwarzer Pfeffer

1 Esslöffel Olivenöl

1 Sternfrucht (Karambole), in Scheiben geschnitten

1 Tasse Hühnerknochenbrühe (siehe Rezept) oder ungesalzene Hühnersuppe

2-Unzen-Packung frische Spinatblätter

Frische Korianderblätter (optional)

1. Legen Sie das Hähnchen in den Schmortopf aus Edelstahl oder Emaille. beiseite legen, ignorieren. Essig, Orangensaft, Wasser, Zwiebel, ¼ Tasse gehackter Koriander, Knoblauch und Pfeffer in einer mittelgroßen Schüssel vermischen; über das Huhn gießen. Abdecken und im Kühlschrank 4–8 Stunden marinieren lassen.

2. Die Hühnermischung in einem Schmortopf bei mittlerer bis hoher Hitze zum Kochen bringen. reduziert Fieber. Abdecken und 35–40 Minuten braten, bis das Huhn nicht mehr rosa ist (175 °F).

3. In einem extra großen Topf bei mittlerer bis hoher Hitze mittlere Hitze erhitzen. Nehmen Sie das Hähnchen mit einer Zange aus dem Schmortopf und schütteln Sie dabei vorsichtig das Wasser ab. Reserveflüssigkeit. Das Hähnchen sollte von allen Seiten gebraten und oft gleichmäßig gebräunt sein.

4. In der Zwischenzeit die Kochflüssigkeit für die Soße abseihen; Kehren Sie zum Bootsofen zurück. Lass es uns kochen. Etwa 4 Minuten köcheln lassen, um die Menge zu reduzieren und leicht einzudicken; Sternfrucht hinzufügen; noch 1 Minute kochen lassen. Geben Sie das Hähnchen wieder in die Dutch-Oven-Sauce. Vom Herd nehmen; abdecken, um warm zu bleiben.

5. Wischen Sie die Platine ab. Gießen Sie die Hühnerbrühe in den Topf. Bei mittlerer bis hoher Hitze zum Kochen bringen; Den Spinat unterrühren. Fieber senken; Unter ständigem Rühren 1-2 Minuten kochen lassen oder bis der Spinat zusammengefallen ist. Den Spinat auf einen Teller geben. Mit Hühnchen und Soße belegen. Nach Belieben mit Korianderblättern bestreuen.

CHIPOTLE MAYO CHICKEN POBLANO KOHL TACOS

VORBEREITUNG:25 Minuten Backen: 40 Minuten Zubereitung: 4 Portionen

SERVIEREN SIE DIESE CHAOTISCHEN, ABER KÖSTLICHEN TACOSMIT EINER GABEL ALLE FÜLLUNGEN ENTFERNEN, DIE BEIM ESSEN VON DEN KOHLBLÄTTERN FALLEN.

- 1 Esslöffel Olivenöl
- 2 Poblano-Chilis, entkernt (falls nötig) und gehackt (siehe AbbHinweis)
- ½ Tasse gehackte Zwiebel
- 3 Knoblauchzehen, gehackt
- 1 Esslöffel ungesalzenes Chilipulver
- 2 Teelöffel gemahlener Kreuzkümmel
- Ein Teelöffel schwarzer Pfeffer
- Kann 1 Unze ungesalzenen Ketchup herstellen
- ¾ Tasse Hühnerknochenbrühe (sieheRezept) oder ungesalzene Hühnersuppe
- 1 Teelöffel getrockneter mexikanischer Oregano, zerstoßen
- 1 bis 1,5 Pfund Hähnchenschenkel ohne Haut und Knochen
- 10-12 mittelgroße oder große Kohlblätter
- Chipotle Paleo Mayo (sieheRezept)

1. Backofen auf 350 °F vorheizen. Das Öl in einer großen, beschichteten Bratpfanne bei mittlerer bis hoher Hitze erhitzen. Poblano-Chilis, Zwiebeln und Knoblauch hinzufügen; kochen und 2 Minuten rühren. Mit Chilipulver, Kreuzkümmel und schwarzem Pfeffer mischen; kochen und noch 1 Minute rühren (ggf. Hitze reduzieren, um ein Anbrennen zu verhindern).

2. Ketchup, Hühnerbrühe und Oregano in den Topf geben. Lass es uns kochen. Die Hähnchenschenkel vorsichtig in die Tomatenmischung legen. Decken Sie den Topf mit einem

Deckel ab. Etwa 40 Minuten lang backen oder bis das Hähnchen weich ist (175 °F), nach der Hälfte der Zeit wenden.

3. Hähnchen aus dem Topf nehmen; etwas abkühlen lassen. Die Hähnchenbrust mit zwei Gabeln in mundgerechte Stücke zerteilen. Das zerkleinerte Hähnchenfleisch in einer Schüssel mit der Tomatenmischung vermischen.

4. Zum Servieren die Hühnermischung über die Kohlblätter löffeln; Mit Chipotle Paleo Mayo belegen.

HÜHNEREINTOPF MIT BABYKOHL UND BOK CHOY

VORBEREITUNG: 15 Minuten Backen: 24 Minuten Stehen: 2 Minuten Zubereitung: 4 Portionen

CHAGA BOK CHOY IST SEHR LECKER UND KANN SICH BLITZSCHNELL ERWÄRMEN. DAMIT ER KNUSPRIG UND FRISCH BLEIBT – NICHT AUSGEWASCHEN UND NICHT MATSCHIG –, SOLLTE DER EINTOPF VOR DEM SERVIEREN NICHT LÄNGER ALS 2 MINUTEN IN EINEM HEIßEN TOPF (VOM HERD GENOMMEN) GEDÜNSTET WERDEN.

- 2 Esslöffel Olivenöl
- 1 Lauch, in Scheiben geschnitten (weiße und hellgrüne Teile)
- 4 Tassen Hühnerknochenbrühe (siehe Rezept) oder ungesalzene Hühnersuppe
- 1 Tasse trockener Weißwein
- 1 Esslöffel Dijon-Senf (siehe Rezept)
- Ein Teelöffel schwarzer Pfeffer
- 1 Zweig frischer Thymian
- 1¼ Pfund Hähnchenschenkel ohne Haut und Knochen, in 1-Zoll-Stücke geschnitten
- 1 mittelgroße Karotte, halbierte und halbierte Babykarotten, geschält und geputzt und der Länge nach geschnitten
- 2 Teelöffel fein abgeriebene Zitronenschale (auf einer Seite)
- 1 Esslöffel frischer Zitronensaft
- 2 Köpfe Baby Pak Choi
- ½ Teelöffel gehackter frischer Thymian

1. 1 Esslöffel Olivenöl in einer großen Pfanne bei mittlerer Hitze erhitzen. Die Zwiebeln in heißem Öl 3-4 Minuten lang anbraten, bis sie glasig sind. Hühnerbrühe, Wein, Dijon-Senf, ¼ Teelöffel Pfeffer und Thymian hinzufügen. Koch es; reduziert Fieber. 10-12 Minuten kochen lassen

oder bis die Flüssigkeit um ein Drittel reduziert ist. Entsorgen Sie den Kuchenspieß.

2. In der Zwischenzeit den restlichen 1 Esslöffel Olivenöl in einem Schmortopf bei mittlerer bis hoher Hitze erhitzen. Das Hähnchen mit dem restlichen ¼ Teelöffel Pfeffer bestreuen. In heißem Öl etwa 3 Minuten lang goldbraun braten, dabei gelegentlich umrühren. Lassen Sie das Öl bei Bedarf ab. Geben Sie die Brühe vorsichtig in die Pfanne und zerkleinern Sie dabei die gebräunten Stücke. Fügen Sie die Karotten hinzu. Koch es; reduziert Fieber. 8–10 Minuten köcheln lassen oder bis die Karotten weich sind. Zitronensaft hinzufügen. Den Pak Choi der Länge nach halbieren. (Wenn die Pak-Choy-Köpfe groß sind, schneiden Sie sie in Viertel.) Legen Sie den Pak-Choy auf einen Teller über dem Huhn. Hitze ausschalten und herausnehmen; 2 Minuten einwirken lassen.

3. Legen Sie die Speisen auf flache Teller. Mit Zitronenschale und geschnittenem Kuchen bestreuen.

KAFFEE-ORANGEN-HÄHNCHEN-PAPRIKA-SALAT

VOM START ZUM ZIEL: 45 Minuten: 4-6 Mahlzeiten

SIE WERDEN ZWEI ARTEN FINDENKOKOSÖL IN DEN REGALEN – RAFFINIERT UND EXTRA NATIV ODER UNRAFFINIERT. WIE DER NAME SCHON SAGT, WIRD EXTRA NATIVES KOKOSNUSSÖL AUS DER ERSTEN PRESSUNG FRISCHER, ROHER KOKOSNÜSSE GEWONNEN. ES IST IMMER AM BESTEN, BEI MITTLERER BIS MITTLERER HITZE ZU KOCHEN. RAFFINIERTES KOKOSÖL HAT EINEN HÖHEREN RAUCHPUNKT. VERWENDEN SIE ES DAHER NUR BEIM KOCHEN BEI HOHEN TEMPERATUREN.

- 1 Esslöffel raffiniertes Kokosöl
- 1½ Pfund Hähnchenschenkel ohne Haut und Knochen, in dünne Streifen geschnitten
- 3 rote, orange und/oder gelbe Paprika, entkernt und in dünne Streifen geschnitten
- 1 rote Zwiebel, der Länge nach halbieren und in dünne Scheiben schneiden
- 1 Esslöffel fein abgeriebene Orangenschale (auf einer Seite)
- ½ Tasse frischer Orangensaft
- 1 Esslöffel gehackter frischer Ingwer
- 3 Knoblauchzehen, gehackt
- 1 Tasse ungesalzener Rohkakao, geröstet und grob gehackt (siehe AbbHinweis)
- ½ Tasse geschnittene Frühlingszwiebeln (4)
- 8-10 Butter- oder Eisbergsalatblätter

1. Erhitzen Sie das Kokosöl bei starker Hitze oder in einem großen Topf. Hühnchen hinzufügen; kochen und 2 Minuten rühren. Paprika und Zwiebeln; Unter Rühren 2-3 Minuten kochen lassen oder bis das Gemüse weich wird. Hähnchen und Gemüse aus dem Wok nehmen; warm halten.

2. Wischen Sie das Papier mit einem Papiertuch ab. Den Orangensaft hinzufügen. Etwa 3 Minuten kochen lassen oder bis der Saft kocht, dann etwas reduzieren. Ingwer und Knoblauch hinzufügen. 1 Minute kochen und umrühren. Die Hähnchen-Paprika-Mischung wieder in den Topf geben. Die Orangenschale mit den Frühlingszwiebeln und der roten Zwiebel vermischen. Auf Salatblättern geröstet servieren.

VIETNAMESISCHES KOKOS-ZITRONEN-HÄHNCHEN

VOM START ZUM ZIEL:30-minütige Zubereitung: 4 Portionen

DIES IST EIN SCHNELLES KOKOS-CURRYVON SCHNITT ZU SCHNITT HABEN SIE IN 30 MINUTEN DAS PERFEKTE WOCHENENDESSEN AUF DEM TISCH.

- 1 Esslöffel unraffiniertes Kokosöl
- 4 Zitronen (nur in Scheiben geschnitten)
- 1 3,2-Unzen-Packung Austernpilze, geputzt
- 1 große rote Zwiebel, in dünne Scheiben geschnitten und in Ringe halbiert
- 1 frische Jalapeño, entkernt und gehackt (siehe AbbHinweis)
- 2 Esslöffel gehackter frischer Ingwer
- 3 Knoblauchzehen, fein gehackt
- 1½ Pfund Hähnchenschenkel ohne Haut und Knochen, in dünne Scheiben geschnitten und in mundgerechte Stücke geschnitten
- ½ Tasse natürliche Kokosmilch (wie Nature's Way)
- ½ Tasse Hühnerknochenbrühe (sieheRezept) oder ungesalzene Hühnersuppe
- 1 Esslöffel ungesalzenes rotes Currypulver
- Ein Teelöffel schwarzer Pfeffer
- ½ Tasse gehackte frische Basilikumblätter
- 2 Esslöffel frischer Limettensaft
- Ungesüßte Kokosraspeln (optional)

1. Das Kokosöl in einem extra großen Topf bei mittlerer Hitze erhitzen. Zitrone hinzufügen; kochen und 1 Minute rühren. Pilze, Zwiebeln, Jalapeño, Ingwer und Knoblauch hinzufügen; Unter Rühren 2 Minuten kochen lassen oder bis die Zwiebel weich wird. Hühnchen hinzufügen; etwa 3 Minuten kochen lassen oder bis das Hähnchen gar ist.

2. Kokosmilch, Hühnerknochenbrühe, Currypulver und schwarzen Pfeffer in einer kleinen Schüssel vermischen. Hühnermischung einrühren; 1 Minute kochen lassen oder bis die Flüssigkeit leicht eindickt. Vom Herd nehmen; Frischen Basilikum und Limettensaft unterrühren. Nach Belieben mit Kokosraspeln bestreuen.

ZUBEREITETER HÜHNCHEN-APFEL-ESCAROLE-SALAT

VORBEREITUNG:30 Minuten Grillzeit: 12 Minuten: 4 Portionen

WENN SIE EINEN SÜßEREN APFEL MÖCHTEN,ES PASST ZU HONIGBÄLLCHEN. WENN SIE APFELMUS MÖGEN, VERWENDEN SIE GRANNY SMITH ODER PROBIEREN SIE FÜR DEN AUSGLEICH EINE KOMBINATION AUS BEIDEN.

3 mittelgroße Honeybee- oder Granny-Smith-Äpfel
4 Teelöffel natives Olivenöl extra
½ Tasse fein gehackte Schalotten
2 Esslöffel gehackte frische Petersilie
1 Esslöffel Geflügelgewürz
3-4 Köpfe Eskariol
1 Pfund zerkleinertes Hühnchen oder Truthahn
⅓ Tasse gehackte geröstete Walnüsse*
Eine klassische französische Vinaigrette-Schüssel (sieheRezept)

1. Den Apfel schälen und entkernen. 1 Apfel schälen und in Scheiben schneiden. 1 Teelöffel Olivenöl in einer mittelgroßen Pfanne bei mittlerer Hitze erhitzen. Gehackte Äpfel und Suppe hinzufügen; kochen, bis es weich ist. Petersilie und Geflügelgewürz unterrühren. Zum Abkühlen beiseite stellen.

2. In der Zwischenzeit die restlichen 2 Äpfel entkernen und in Scheiben schneiden. Die Schnittseite der Apfelscheiben und der Eskariolscheiben mit dem restlichen Olivenöl bestreichen. Kombinieren Sie die Mischung aus Hühnchen und abgekühlten Äpfeln in einer großen Schüssel. In acht

Portionen teilen; Formen Sie jede Portion zu einem Pastetchen mit einem Durchmesser von 5 cm.

3. Für einen Holzkohlegrill oder Gasgrill legen Sie die Hähnchen- und Apfelscheiben bei mittlerer Hitze direkt auf den Grill. Den Grill zur Hälfte durchdrehen, abdecken und 10 Minuten grillen. Eskariol hinzufügen, mit der Schnittseite nach oben. 2 bis 4 Minuten ohne Deckel grillen oder bis der Grill oder die Eskariole leicht gebräunt ist, die Äpfel zart sind und das Hähnchen zart ist (165 °F).

4. Die Eskariole grob hacken. Teilen Sie die Eskariole auf vier Schüsseln auf. Mit Hähnchenfrikadellen, Apfelscheiben und Walnüssen belegen. Mit einer klassischen französischen Vinaigrette beträufeln.

*Tipp: Heizen Sie den Ofen auf 350 °F vor, um die Fasane zu rösten. Die Nüsse in einer einzigen Schicht in einer flachen Pfanne verteilen. 8-10 Minuten backen oder bis es goldbraun ist, dabei einmal umrühren. Lassen Sie die Kuchen etwas abkühlen. Legen Sie die heißen Nüsse auf ein sauberes Geschirrtuch. Mit einem Handtuch abtupfen, um die Haut zu lockern.

TOSKANISCHE HÜHNERSUPPE

VORBEREITUNG: 15 Minuten zum Kochen: 20 Minuten: 4-6 Portionen

EIN ESSLÖFFEL PESTO- BASILIKUM ODER RUCOLA IHRER WAHL - VERLEIHEN SIE DIESER HERZHAFTEN SUPPE, GEWÜRZT MIT UNGESALZENEM GEFLÜGELGEWÜRZ, EINEN WUNDERBAREN GESCHMACK. DAMIT DIE GRÜNKOHLSTREIFEN LEUCHTEND GRÜN BLEIBEN UND SO VIELE NÄHRSTOFFE WIE MÖGLICH ENTHALTEN, KOCHEN SIE SIE, BIS SIE WEICH SIND.

1 Kilo kleines Huhn
2 Esslöffel ungesalzenes Geflügelgewürz
1 Teelöffel fein abgeriebene Zitronenschale
1 Esslöffel Olivenöl
1 Tasse gehackte Zwiebel
½ Tasse gehackte Karotten
1 Tasse gehackter Sellerie
4 Knoblauchzehen, in Scheiben geschnitten
4 Tassen Hühnerknochenbrühe (siehe Rezept) oder ungesalzene Hühnersuppe
1 14,5 Unzen sonnengetrocknete, feuergeröstete Tomate
1 Bund Lacinato-Grünkohl (toskanischer Grünkohl), entnommen und in Streifen geschnitten
2 Esslöffel frischer Zitronensaft
1 Teelöffel gehackter frischer Thymian
Basilikum- oder Rucola-Pesto (siehe Rezepte)

1. Hühnchen, Geflügelgewürz und Zitronenschale in einer mittelgroßen Schüssel vermischen. Gut mischen.

2. Das Olivenöl in einem Schmortopf bei mittlerer Hitze erhitzen. Hühnermischung, Zwiebel, Sellerie und Sellerie hinzufügen; 5-8 Minuten kochen lassen oder bis das Huhn nicht mehr rosa ist, dabei das Fleisch mit einem Holzlöffel

umrühren und in der letzten 1 Minute die Knoblauchzehen hinzufügen. Hühnerbrühe und Tomaten hinzufügen. Koch es; reduziert Fieber. Abdecken und 15 Minuten köcheln lassen. Grünkohl, Zitronensaft und Kuchen unterrühren. Etwa 5 Minuten kochen lassen oder bis der Grünkohl gerade zart ist.

3. Zum Servieren die Suppe in Schüsseln füllen und mit Basilikum- oder Rucola-Pesto belegen.

HÜHNERLARB

VORBEREITUNG: 15 Minuten Backen: 8 Minuten Abkühlen: 20 Minuten Zubereitung: 4 Portionen

DIESE VERSION DES BELIEBTEN THAILÄNDISCHEN GERICHTSGEWÜRZTES HÜHNCHEN UND GEMÜSE, SERVIERT AUF SALATBLÄTTERN, SIND KÖSTLICH UND AROMATISCH, OHNE DASS ZUCKER, SALZ UND FISCHSAUCE (DIE REICH AN NATRIUM IST) HINZUGEFÜGT WERDEN. MIT KNOBLAUCH, THAI-CHILI, ZITRONE, LIMETTENSCHALE, LIMETTENSAFT, SEMMELBRÖSELN UND KORIANDER, DAS SOLLTEN SIE SICH NICHT ENTGEHEN LASSEN.

1 Esslöffel raffiniertes Kokosöl

2 Pfund gemahlenes Hühnchen (95 % magere oder gemahlene Brust)

8 Unzen Pilze, in dünne Scheiben geschnitten

1 Tasse gehackte rote Zwiebel

1-2 Thai-Chilis, entkernt und gehackt (siehe Abb_Hinweis_)

2 Esslöffel gehackter Knoblauch

2 Esslöffel fein gehacktes Zitronengras*

¼ Esslöffel

¼ Teelöffel schwarzer Pfeffer

1 Esslöffel fein abgeriebene Limettenschale

½ Tasse frischer Limettensaft

⅓ Tasse dicht gepackte frische Semmelbrösel, gehackt

⅓ Tasse grob gehackter frischer Koriander, gehackt

1 Eisberg, in Scheiben geschnitten

1. Erhitzen Sie das Kokosöl in einem extra großen Topf bei mittlerer bis hoher Hitze. Hähnchen, Pilze, Zwiebeln, Chili, Knoblauch, Zitrone, Sellerie und schwarzen Pfeffer hinzufügen. 8-10 Minuten kochen lassen oder bis das Huhn weich ist, dabei mit einem Holzlöffel umrühren, um

das Fleisch aufzulockern. Bei Bedarf Wasser hinzufügen. Geben Sie die Hühnermischung in eine extra große Schüssel. Etwa 20 Minuten lang abkühlen lassen oder bis es leicht auf Raumtemperatur erwärmt ist, dabei gelegentlich umrühren.

2. Limettensaft, Limettensaft, Semmelbrösel und Koriander zur Hühnermischung hinzufügen. Auf Salatblättern servieren.

*Tipp: Für die Zubereitung des Zitronengrases benötigen Sie ein scharfes Messer. Schneiden Sie den holzigen Stängel vom Stamm und die zähen grünen Blätter an der Spitze der Pflanze ab. Entfernen Sie die beiden harten Außenschichten. Nehmen Sie eine 6 Zoll lange Zitrone mit hellgelb-weißer Farbe. Schneiden Sie den Stiel horizontal in zwei Hälften und schneiden Sie dann jede Hälfte noch einmal in zwei Hälften. Schneiden Sie jedes Viertel der Keule in sehr dünne Scheiben.

HÄHNCHENBURGER MIT SZÉLESUDIO-SAUCE

VORBEREITUNG:30 Minuten Backen: 5 Minuten Grillen: 14 Minuten: 4 Portionen

DURCH ERHITZEN HERGESTELLTES CHILIÖLOLIVENÖL MIT ZERKLEINERTEM ROTEM PFEFFER KANN AUCH AUF ANDERE WEISE VERWENDET WERDEN. DÄMPFEN SIE DAMIT FRISCHES GEMÜSE ODER REIBEN SIE ES VOR DEM KOCHEN MIT CHILIÖL EIN.

- 2 Esslöffel Olivenöl
- ¼ Teelöffel zerstoßener roter Pfeffer
- 2 Tassen Rohkakao, geröstet (sieheHinweis)
- ¼ Tasse Olivenöl
- ½ Tasse geriebener Ingwer
- ¼ Tasse fein gehackter Schnittlauch
- 2 Knoblauchzehen, gehackt
- 2 Teelöffel fein abgeriebene Zitronenschale
- 2 Esslöffel frischer Ingwer
- 1 Pfund zerkleinertes Hühnchen oder Truthahn

SEHWANI-KAVA-SAUCE

- 1 Esslöffel Olivenöl
- 2 Esslöffel fein gehackte Schalotten
- 1 Esslöffel geriebener frischer Ingwer
- 1 Esslöffel chinesisches Fünf-Gewürze-Pulver
- 1 Teelöffel frischer Limettensaft
- 4 grüne Blatt- oder Salatblätter

1. Für das Chiliöl das Olivenöl und die zerstoßene rote Paprika in einem kleinen Topf vermischen. Bei schwacher Hitze 5 Minuten erhitzen. Vom Herd nehmen; sei cool

2. Für die Kakaobutter die Kakaobohnen und 1 EL Olivenöl in einen Mixer geben. Pürieren Sie alles, bis es glatt und cremig ist, kratzen Sie die Seiten nach Bedarf ab und fügen Sie jeweils einen Esslöffel Olivenöl hinzu, bis alle ¼ Tasse aufgebraucht sind und die Butter sehr glatt ist. beiseite legen, ignorieren.

3. Ingwer, Knoblauch, Zitronenschale und 2 Teelöffel Ingwer in einer großen Schüssel vermischen. Hühnerbrühe hinzufügen; gut mischen. Rollen Sie die Hühnermischung in vier ½ Zoll dicke Pastetchen.

4. Bei einem Holzkohle- oder Gasgrill legen Sie die Kräuter bei mittlerer Hitze direkt auf eine gefettete Grillplatte. 14 bis 16 Minuten backen oder bis es fertig ist (165 °F), dabei den Grill nach der Hälfte der Zeit einmal wenden.

5. In der Zwischenzeit das Olivenöl für die Sauce in einem kleinen Topf bei mittlerer Hitze erhitzen. Zwiebel und 1 Esslöffel Ingwer hinzufügen; Bei mittlerer Hitze 2 Minuten kochen lassen oder bis es weich ist. Fügen Sie ½ Tasse Kakaobutter (die restliche Kakaobutter bis zu einer Woche im Kühlschrank aufbewahren), Chiliöl, Limettensaft und fünf Zehen Piment hinzu. Weitere 2 Minuten kochen lassen. Vom Herd nehmen.

6. Die Scones auf den Salatblättern verteilen. Zwiebeltropfen.

TÜRKISCHES HUHN

VORBEREITUNG:25 Minuten stehen lassen: 15 Minuten backen: 8 Minuten: 4-6 Portionen

„GEWÜRZ" BEDEUTET AUF ARABISCH EINFACH „DUFTEND".ES IST EIN VIELSEITIGES GEWÜRZ IN DER KÜCHE DES NAHEN OSTENS, DAS OFT AUF FISCH, GEFLÜGEL UND FLEISCH GERIEBEN ODER MIT OLIVENÖL GEMISCHT UND ALS GEMÜSEMARINADE VERWENDET WIRD. EINE KOMBINATION AUS WARMEN, SÜßEN GEWÜRZEN WIE ZIMT, KREUZKÜMMEL, KORIANDER, NELKEN UND PAPRIKA MACHT ES NOCH KÖSTLICHER. DIE ZUGABE VON GETROCKNETER MINZE IST EIN TÜRKISCHER EINFLUSS.

⅓ Tasse gehackte ungeschwefelte Pflaumen

⅓ Tasse gehackte getrocknete Feigen

1 Esslöffel unraffiniertes Kokosöl

1,5 Pfund Hähnchenbrust

3 Tassen gehackte Linsen (nur weiße und hellgrüne Teile) (3)

⅔ mittelgrüne und/oder rote Paprika, in dünne Scheiben geschnitten

2 Esslöffel Piment (siehe Rezept, unten)

2 Knoblauchzehen, gehackt

1 Tasse gewürfelte, entkernte Tomaten (2 mittelgroße)

1 Tasse gewürfelte Gurke (halbe mittelgroße) mit Kernen

½ Tasse gehackte, geschälte, ungesalzene Pistazien, geröstet (siehe Hinweis)

¼ Tasse geschnittene frische Semmelbrösel

¼ Tasse gehackte frische Petersilie

8-12 große Köpfe Butter oder Bibb-Salat

1. Pflaumen und Feigen in eine kleine Schüssel geben. ⅔ Tasse kochendes Wasser hinzufügen; 15 Minuten einwirken lassen. Wasser hinzufügen und eine halbe Tasse Flüssigkeit auffangen.

2. In der Zwischenzeit das Kokosöl in einem extra großen Topf bei mittlerer Hitze erhitzen. Hühnerbrühe hinzufügen; Mit einem Holzlöffel umrühren, um das Fleisch aufzulockern, und 3 Minuten kochen lassen. Schalotten, Paprika, Piment und Knoblauch hinzufügen; Unter Rühren etwa 3 Minuten kochen lassen oder bis das Hähnchen gar ist und die Paprika zart sind. Pflaumen, Feigen, beiseite gestellte Flüssigkeit, Tomaten und Gurke hinzufügen. Etwa 2 Minuten kochen lassen oder bis die Tomaten und Gurken zu zerfallen beginnen. Petersilie, Semmelbrösel und Petersilie unterrühren.

3. Hähnchen und Gemüse auf Salatblättern servieren.

Würzen: 2 Esslöffel süßes Paprikapulver in einer kleinen Schüssel vermischen; 1 Esslöffel schwarzer Pfeffer; 2 Teelöffel getrocknete Semmelbrösel, fein gemahlen; 2 Teelöffel gemahlener Kreuzkümmel; 2 Teelöffel gemahlener Koriander; 2 Teelöffel gemahlener Zimt; 2 Teelöffel Kurkuma; 1 Teelöffel Erdnüsse; und 1 Teelöffel Kartoffelpüree. In einem dicht verschlossenen Behälter bei Raumtemperatur aufbewahren. Ergibt ½ Tasse.

SPANISCHE CORNISH-HÜHNER

VORBEREITUNG:10 Minuten Kochzeit: 30 Minuten Kochzeit: 6 Minuten
Zubereitungszeit: 2-3 Portionen

DIESES REZEPT KÖNNTE NICHT EINFACHER SEIN- UND DAS ERGEBNIS IST WIRKLICH ERSTAUNLICH. EINE GROßZÜGIGE MENGE GERÖSTETER PAPRIKA, KNOBLAUCH UND ZITRONE VERLEIHEN DIESEN KLEINEN VÖGELN VIEL GESCHMACK.

2 1,5 kg Corned Chicken, aufgetaut

1 Esslöffel Olivenöl

6 Knoblauchzehen, fein gehackt

2-3 Esslöffel gemahlener süßer Paprika

¼ Teelöffel Cayennepfeffer (optional)

2 Zitronen geviertelt

2 Esslöffel gehackte frische Petersilie (optional)

1. Den Ofen auf 375°F vorheizen. Schneiden Sie mit einer Küchenschere oder einem scharfen Messer beide Seiten des schmalen Streifens ab, um das Wildhuhn zu verbreitern. Den Vogel öffnen und das Hähnchen vom Brustbein halbieren. Haut und Fleisch von der Brust trennen und den Rücken entfernen. Die Flügel und die Brust aufbewahren. Die Cornish-Hähnchenstücke mit Olivenöl bestreichen. Mit gehacktem Knoblauch bestreuen.

2. Legen Sie die Hähnchenteile mit der Hautseite nach unten in eine extra große ofenfeste Form. Mit geräuchertem Paprika und Cayennepfeffer bestreuen. Zitronenspalten über das Huhn drücken; Zitronenschnitze in den Topf geben. Drehen Sie die Hähnchenstücke mit der Hautseite

nach unten in den Topf. Abdecken und 30 Minuten backen. Nehmen Sie den Topf vom Herd.

3. Heizen Sie den Grill vor. Die Stücke mit einem Hobel wenden. Stellen Sie den Ofendeckel ein. 10 bis 13 cm von der Hitze entfernt erhitzen, bis die Haut gebräunt und das Hähnchen zart ist (175 °F). Den Bratensaft abgießen. Nach Belieben mit Petersilie bestreuen.